WERDER BREMEN

LEBENSLANG GRÜN-WEISS

DAS OFFIZIELLE JAHRBUCH 2015

Werder-Geschäftsführer
Thomas Eichin, Klaus Filbry und Dr. Hubertus Hess-Grunewald (v. li.)

Liebe Werder-Fans!

Teamgeist, Einfallsreichtum, Verlässlichkeit, Identifikation, Traditionsbewusstsein und Offenheit für Veränderungen – das sind nur einige Werte und Attribute, für die wir stehen und die uns in unserer täglichen Arbeit begleiten. Sie machen das ganz besondere Werder-Gefühl aus, die starke Verbindung von Werder mit der Stadt Bremen, den einzigartigen Zusammenhalt von Mannschaft und Fans. Wir sind sehr stolz auf die großartige Unterstützung und Treue unserer Fans in ganz Deutschland und darüber hinaus, die uns auch in den zurückliegenden Monaten wieder zuteilwurde.

2015 war für Werder Bremen ein Jahr mit vielen interessanten sportlichen Facetten: In der Fußball-Bundesliga hat unsere Mannschaft in der Rückrunde der vergangenen Saison einen tollen Endspurt hingelegt. Schließlich haben wir Platz 10 erreicht und sind damit gegenüber dem Vorjahr in der Tabelle geklettert. Erst die Niederlage in Dortmund am letzten Spieltag verhinderte, dass es noch weiter nach oben ging. Dieser knappe Ausgang hat wieder einmal gezeigt, wie eng die Mannschaften in der Liga beieinanderliegen. In diesem Feld wollen wir uns auch in Zukunft behaupten.

Ein weiterer erfolgreicher Schritt auf unserem Werder-Weg war der Aufstieg der U 23 in die 3. Liga – er untermauert unseren Status als Top-Ausbildungsverein für junge Fußballer. Und er hilft uns dabei, die vielen talentierten Spieler noch besser an die Bundesliga heranzuführen. Das wird auch in Zukunft ein wichtiger Eckpfeiler unserer Arbeit sein.

Zu unserem Werder-Weg gehört zudem der finanzielle Konsolidierungskurs, mit dem wir uns auf die Zielgerade bewegen. Und wir werden auch weiterhin mit Augenmaß wirtschaften, natürlich nicht ohne den Blick auf die sportliche Weiterentwicklung und die Leistungsstärke unserer Mannschaft zu verlieren. Auch hier ist es uns in den zurückliegenden Monaten gelungen, erneut einen Schritt nach vorne zu gehen. Den Bundesliga-Standort Bremen langfristig zu sichern, das ist unsere Aufgabe, die nur mit starken Partnern an der Seite gelingt. Wir danken daher allen Sponsoren und Förderern für ihre Unterstützung.

Für unseren Werder-Weg steht auch das Trainerteam um Viktor Skripnik, das sich hundertprozentig mit der Arbeit und dem SV Werder identifiziert und auf Spieler bauen kann, die jung und erfolgshungrig sind, die hier ihre Karriere weiterentwickeln wollen und die Fans mitreißen können. Uns ist bewusst, dass es auf dem Werder-Weg Höhen und Tiefen gibt. Doch wir lassen uns davon nicht aus der Ruhe bringen, sondern gehen auch im Jahr 2016 geradlinig und konsequent weiter.

Das OFFIZIELLE WERDER JAHRBUCH 2015 zeichnet den Weg durchs Werder-Jahr 2015 mit den schönsten Fotos noch einmal nach. Erinnern Sie sich mit uns an die emotionalsten und denkwürdigsten Momente der zurückliegenden Monate, die unsere mittlerweile mehr als 116-jährige Vereinsgeschichte auf unverwechselbare Weise fortgeschrieben haben.

Viel Spaß beim Lesen wünscht Ihnen

Ihre Werder-Geschäftsführung
Klaus Filbry, Thomas Eichin, Dr. Hubertus Hess-Grunewald

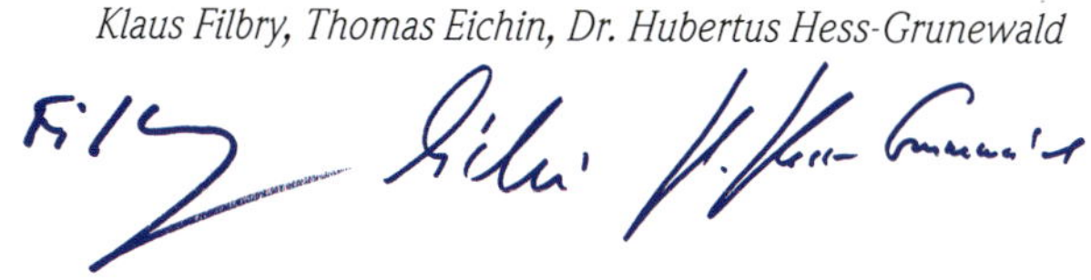

Die Chronologie des Jahres 2015 in Bildern…
Stimmungsvoll, erlebnisreich, einzigartig

Juno-Virus im Januar

Rot-Grün im Blindflug

Luki im Glück

Bodenhaftung…

Gute Premiere, böse Premiere

Verdiente „Alte Meister"

3. Liga, wir kommen!

Kunstvolles in Salzburg

Top-Spiel!

Klare Linie an der Linie

Entschlossen!

Klarer Fall von „Fahnenflucht"

Geballte Power

Er ist wieder da!

Harte Landung

Mauertaktik!?

18 Pokalhelden proudly present…

INHALT

DAS OFFIZIELLE WERDER JAHRBUCH 2015

SV Werder in Bildern

Service

Impressum

Herausgeber:
SV Werder Bremen GmbH & Co KG aA,
Franz-Böhmert-Str. 1c, 28205 Bremen

Gesamtverantwortung: Tino Polster (Direktor Club Media), V. i. S. d. P.

Verantwortlicher Redakteur: Martin Lange (Manager Publikationen)

Schlussredaktion: Thomas Grziwa

Fotos: Getty Images, T. Grziwa, gumzmedia, hansepixx, C. Heidmann, nordphoto, Pressefoto ULMER, M. Rospek

Fotoredaktion: Martin Lange, Thomas Grziwa

Anzeigenleitung: Oliver Rau

Gestaltung: T. Grziwa, Medienhaven GmbH

Satz und Lithografie: Medienhaven GmbH

Druck: CEWE-PRINT GmbH
Meerweg 30 – 32 · 26133 Oldenburg

Redaktionsschluss: 12.11.2015

Der Werder-Weg du

Jede Menge Jubel gab es in der ersten Hälfte des Jahres 2015: 26 Punkte bedeuteten Platz sechs in der Rückrunden-Tabelle der Saison 2014/2015. Bis zum letzten Spieltag hatten sich die Grün-Weißen die Chance auf die Teilnahme an der Europa League erhalten, am Ende stand Rang 10 zu Buche. Zlatko Junuzovic drückte seine Überzeugung vom Werder-Weg durch die Verlängerung seines Vertrags bis zum Jahr 2018 aus.

Es war etwas Besonderes für Viktor Skripnik, das Winter-Trainingslager im türkischen Belek. Exakt 68 Tage lang hatte Werders Cheftrainer bereits im Jahr 2014 die Verantwortung für die Bundesliga-Mannschaft innegehabt und in acht Bundesliga-Spielen 13 Punkte geholt. Jetzt, im Januar 2015, konnte er mit seinem neuen Team erstmals eine komplette Vorbereitung absolvieren. Mit dem Rückenwind des 2:1-Erfolgs gegen Borussia Dortmund am letzten Hinrunden-Spieltag brach die Werder-Delegation in die Türkei auf. Dieser ‚Dreier' gegen Dortmund hatte die Grün-Weißen vom letzten auf den 16. Tabellenrang katapultiert und Aufbruchstimmung verbreitet. In der Rückrunde wartete dennoch weiterhin der Kampf um den Verbleib in der Liga. Der Coach versprach seinen Spielern daher für das Trainingslager in Belek „intensive Tage".

Mit im Flieger gen Süden saß auch Levin Öztunali, dessen Verpflichtung Werders Verantwortliche kurz nach Ende der Hinrunde bekanntgegeben hatten. Der Ausleihe des U-20-Nationalspielers von Bayer Leverkusen stand bereits der Abgang von Nils Petersen (Leihe zum SC Freiburg) und Eljero Elia (Leihe zum FC Southampton) gegenüber. Weitere personelle Veränderungen sollten noch vor dem Start in die Rückrunde folgen. Die Ausleihe von Ludovic Obraniak zum türkischen Club Caykur Rizespor, von Richard Strebinger zu Jahn Regensburg, von Oliver Hüsing zu Hansa Rostock. Die Verpflichtung von Torhüter Koen Casteels für ein halbes Jahr vom VfL Wolfsburg. Der Zugang von Torwart-Talent Michael Zetterer (SpVgg Unterhaching). Und schließlich der Transfer-Coup mit Abwehrriese Jannik Vestergaard von der TSG 1899 Hoffenheim, der einen Vertrag bis 2018 unterschrieb.

Im Trainingslager in Belek kam es derweil zu einer ganz besonderen Premiere. Die Grün-Weißen absolvierten erstmals zwei Testspiele an einem Tag: Zunächst feierte die eine Werder-Elf einen 3:2-Erfolg gegen Drittligist Energie Cottbus, dann gewann die zweite Werder-Elf mit 3:1 gegen Al-Fujairah SC aus den Vereinigten Arabischen Emiraten. Viktor Skripnik war zufrieden, „dass alle Spieler Spielpraxis sammeln konnten und schnell wieder das Gefühl bekommen, Fußball zu spielen". Im weiteren Testspiel-Verlauf wurden mit Borussia Mönchengladbach (3:2) und Hannover 96 (ebenfalls 3:2) dann gleich noch zwei Bundesliga-Konkurrenten bezwungen. Nur bei Drittligist MSV Duisburg gab es eine 1:3-Niederlage. Kein Wunder, dass Kapitän Clemens Fritz nach Abschluss der intensiven und erfolgreichen Vorbereitung sagte: „Wir freuen uns alle auf den Rückrundenauftakt gegen Hertha BSC."

Die Freude sollte dabei auch nach dem ersten Pflichtspiel des Jahres 2015 anhalten. Denn die Berliner hatten bei Werders 2:0-Erfolg im Weser-Stadion keine wirkliche Siegchance. Dominant und souverän spielten die Grün-Weißen. Da kam die ‚englische Woche' zu Beginn der Rückrunde gerade recht. Denn nur drei Tage nach dem Auftakterfolg ging es zur TSG 1899 Hoffenheim – am 4. Februar und damit exakt am 116. Geburtstag des SV Werder Bremen. Zur Feier gab es einen ‚Dreier', ein bravourös erkämpftes 2:1. Selbstbewusst, mutig und mit breiter Brust trat die Mannschaft in dieser Phase der Saison auf und baute ihre Serie anschließend mit den beiden Heimsiegen gegen Bayer Leverkusen (2:1) und den FC Augsburg (3:2) sogar auf vier Erfolge in Folge aus, nimmt man das 2:1 gegen Dortmund aus der Hinrunde hinzu, sogar auf fünf.

„Ich kann mich nicht erinnern, mal fünf Spiele in Folge gewonnen zu haben", freute sich Mittelfeldspieler Fin Bartels. „Das ist ein schönes Erlebnis, aber wir bleiben sehr

Fotos: gumzmedia/A. Gumz, nordphoto, Pressefoto ULMER

ch das Jahr 2015

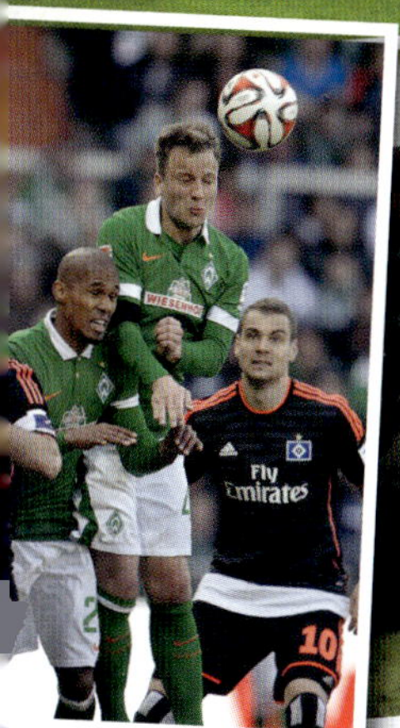

vorsichtig und wissen, wo wir herkommen. Vor fünf Spieltagen standen wir auf dem letzten Platz." Der Aufschwung kam allerdings nicht von ungefähr, befand Thomas Eichin, Werders Geschäftsführer Sport: „Das Trainerteam hat einen super Job gemacht und der Mannschaft Selbstbewusstsein eingeimpft. Das trägt Früchte, und dann ist es auch keine Überraschung, dass wir Spiele gewinnen. Man sieht, dass wir uns entwickeln. Es war eine Frage der Zeit, bis wir uns stabilisieren." Insgesamt blieb die Beurteilung der Situation jedoch Werder-like: „Wir genießen die Situation. Wir wussten, dass wir mit ein paar Siegen unten rauskommen, wissen aber auch, dass wir mit ein paar Niederlagen ganz schnell wieder unten reinrutschen", warnte Eichin. Und Viktor Skripnik war klar: „Mit 29 Punkten können wir nicht sicher sein. Wir wollen schnell weitere Zähler sammeln, niemand kann sich zurücklehnen."

Zwar sollte die Siegesserie tatsächlich eine Woche später reißen, beim FC Schalke 04 gab es mit dem 1:1 aber immerhin einen weiteren Punktgewinn. Und in der Folgezeit gingen von zehn Begegnungen lediglich die Heimspiele gegen den späteren Vize-Meister VfL Wolfsburg (spektakulär mit 3:5) und gegen Meister Bayern München (0:4) verloren, dazu gab es beim VfB Stuttgart eine 2:3-Niederlage. Ansonsten verbuchten die Grün-Weißen in jedem Spiel etwas Zählbares – zumindest bis zum 1:1 am 32. Spieltag bei Hannover 96. Dieser Punktgewinn bedeutete, dass der Rückstand auf Platz sechs und damit eine mögliche Teilnahme an der Europa League nur zwei Punkte betrug. Die letzten beiden Gegner der Saison hatten es allerdings in sich. Erst kam mit Borussia Mönchengladbach die beste Rückrunden-Mannschaft ins Weser-Stadion, dann gastierte der SV Werder zum Saisonfinale bei Borussia Dortmund. Und so führten zwei Niederlagen dazu, dass die turbulente Spielzeit schließlich auf Rang zehn abgeschlossen wurde.

Nicht zur insgesamt starken Rückrunde passte der Auftritt im Achtelfinale des DFB-Pokals Anfang März: Beim damaligen Spitzenreiter der 3. Liga und späteren Zweitliga-Aufsteiger Arminia Bielefeld musste sich die Mannschaft von Trainer Viktor Skripnik mit 1:3 geschlagen geben und schied somit aus. Das Saisonfazit der Verantwortlichen Ende Mai wurde jedoch vom erkämpften Verbleib in der Liga bestimmt. Denn in der Rückrunde war der SVW mit sieben Siegen, fünf Remis und fünf Niederlagen das sechstbeste Team der Liga gewesen. „Wir haben unser Ziel erreicht. Es war großartig, was die Jungs geleistet haben. Das ist unser kleines Wunder. Im Herbst haben wir von allen Seiten gehört, dass wir mit einem Bein in der zweiten Liga stehen", so Skripnik. Und Geschäftsführer Eichin bilanzierte: „Ich bin sehr stolz auf die Mannschaft und den Verein, wie wir uns aus der schwierigen Situation herausgearbeitet haben, wie wir mit dem Druck umgegangen sind und dass wir ruhig geblieben sind."

Auch neben dem Platz passierte einiges in der Rückrunde: Mit Maximilian Eggestein (bis 2018), Levent Aycicek (bis 2018) und Florian Grillitsch (2016) banden die Verantwortlichen gleich mehrere große Werder-Talente weiter an den Club. Davie Selke wurde zu ‚Bremens Sportler des Jahres' gewählt. Die Grün-Weißen traten in Nordhorn zu einem Testspiel gegen die Auswahl des Kosovo an (2:0). Torsten Frings und Florian Kohfeldt bestanden die Prüfung ihrer Ausbildung zum DFB-Fußballlehrer. Und Anthony Ujah entschied sich noch während der laufenden Spielzeit für einen Wechsel vom 1. FC Köln an die Weser.

Die erfolgreiche Werder-Historie spielte ebenfalls eine bedeutende Rolle in diesem ersten Halbjahr 2015: Schließlich jährte sich zum 50. Mal der Gewinn des ersten Deutschen Meistertitels 1965. Der Verein lud die Helden von damals zum Bundesliga-Spiel gegen Eintracht Frankfurt ins Weser-Stadion ein; die Fans erinnerten mit einer beeindruckenden Choreografie an den historischen Erfolg. In die Jubiläumsfeierlichkeiten mischte sich jedoch die Trauer um eines der größten Werder-Idole der Geschichte: Ehrenspielführer Arnold ‚Pico' Schütz war am 14. April 2015 im Alter von 80 Jahren verstorben und konnte so den Jahrestag des Titelgewinns, zu dem er sein Team 1965 als Kapitän geführt hatte, nicht mehr miterleben. In den Gedanken seiner Mitspieler und aller Werderaner war er dennoch mit dabei. ▶

Zwei großartige sportliche Erfolge rundeten schließlich die starke Werder-Saison 2014/2015 ab: Die Fußballerinnen der Grün-Weißen schafften den Aufstieg in die 1. Bundesliga. Die U 23 feierte nicht nur den Titel in der Regionalliga Nord, sondern in zwei dramatischen Relegationsspielen gegen die zweite Mannschaft von Borussia Mönchengladbach anschließend auch den Sprung in die 3. Liga. Eine Bestätigung für den Werder-Weg: „Dieser Erfolg war keine Pflicht, aber die Mannschaft hat ihn unbedingt gewollt“, lobte Geschäftsführer Thomas Eichin das Team von Trainer Alexander Nouri. „Der Aufstieg bietet uns für unser Ausbildungskonzept ganz neue Optionen. Werder Bremen gehört zu den ersten Adressen im deutschen Fußball für junge aufstrebende Fußballer.“

Saisonstart 2015/2016: Interessante neue Spieler und viele Talente

Dementsprechend gespickt mit hoffnungsvollen Talenten aus den eigenen Reihen und interessanten neuen Spielern (Felix Wiedwald, Anthony Ujah, Ulisses Garcia) ging die Bundesliga-Mannschaft in die Vorbereitung auf die Saison 2015/2016. Es erwarteten sie im wahrsten Sinne des Wortes ‚heiße Wochen‘. Temperaturen weit über 30 Grad bestimmten das erste Trainingslager im brandenburgischen Neuruppin. Hart gearbeitet wurde dennoch. Und Viktor Skripnik konnte am Ende konstatieren: „Die Jungs haben sich richtig gequält.“ Alle hatten es sich verdient, dass auf der zweiten Trainingslager-Station, im österreichischen Zillertal, wieder mehr Arbeit mit dem Ball auf dem Plan stand. Obwohl dieser in Neuruppin nicht wirklich häufig im Spiel gewesen war, überraschte die Mannschaft auf dem Weg ins Zillertal mit beeindruckender Frühform und holte sich beim Stopp in Salzburg den ‚Audi quattro Cup‘. Erst ein 4:0 gegen Gastgeber Red Bull Salzburg (bei einer Spielzeit von nur 45 Minuten), dann im Finale der 3:2-Erfolg nach Elfmeterschießen gegen den FC Valencia – die Teilnahme an diesem Blitzturnier erwies sich als hervorragender Motivationsschub für das bevorstehende Trainingslager. Dort wurde dann nicht nur an der sportlichen Weiterentwicklung gearbeitet. „Es ist wichtig, zwischen den harten Trainingseinheiten gemeinsam Spaß zu haben“, betonte Skripnik. Daher standen auch mehrere Teambuilding-Maßnahmen wie Canyoning, Beachvolleyball und ein Hüttenabend auf dem Programm.

Bei den letzten Härtetests vor dem Saisonstart zeigte die Mannschaft dann tatsächlich, wie sie Teamgeist, bedingungslosen Einsatz, Spielfreude und Leidenschaft als gewinnbringende Tugenden mit in die Spielzeit nehmen will: Am traditionellen ‚Tag der Fans‘ schickten die Grün-Weißen Europa-League-Gewinner FC Sevilla mit 3:1 nach Hause. Und beim englischen Premier-League-Club West Ham United gewann der SV Werder zum Abschluss der Vorbereitung mit 2:1. Beide Treffer in England erzielte Anthony Ujah.

Der neue Torjäger sorgte auch sechs Tage später dafür, dass im ersten Pflichtspiel der Knoten platzte. Leidvolle Erfahrungen hatten die Grün-Weißen in den zurückliegenden Jahren mit Auftritten im DFB-Pokal bei unterklassigen Teams gemacht. Und auch dieses Mal verlangte Drittliga-Aufsteiger Kickers Würzburg dem Favoriten von der Weser in der 1. Hauptrunde alles ab. 104 zähe und in manchen Situationen unglückliche Spielminuten vergingen, ehe Ujah kurz vor dem Ende der ersten Halbzeit der Verlängerung zum 1:0 einschoss. Wenig später machte Fin Bartels mit dem 2:0 alles klar. Für Geschäftsführer Thomas Eichin zählte daher nach dem Abpfiff nur eins: „Wir haben die Pflicht erfüllt und sind eine Runde weitergekommen.“

Nun stieg die Vorfreude auf den Bundesliga-Start! Zum ersten Mal seit 2011 ging es wieder mit einem Heimspiel los – wie damals hieß der Gegner FC Schalke 04. Und der zeigte den Grün-Weißen, was sie in dieser Saison erwarten würde. Nach der 0:3-Niederlage bilanzierte Thomas Eichin: „Wir haben es gegen einen ganz starken Gegner teilweise ordentlich gemacht, aber der letzte Punch und die Effektivität haben gefehlt. Schalke dagegen war heute Meister der Effektivität.“ Zu allem Überfluss hatte ein unglückliches Eigentor von Theo Gebre Selassie zum 0:1 diese Niederlage eingeleitet.

Viel Zeit zum Nachdenken blieb jedoch nicht. Das zweite Saisonspiel fand schon am Freitagabend statt – Werder reiste zu Hertha BSC und präsentierte sich dort gut erholt von der Auftaktniederlage. Anthony Ujahs erster Bundesliga-Treffer für die Grün-Weißen zum 1:1 sicherte einen hochverdienten Punktgewinn, dem das Team mit gestiegenem Selbstvertrauen sogar zwei ‚Dreier‘ folgen ließ, zunächst im Weser-Stadion gegen Borussia Mönchengladbach (2:1) und dann bei der TSG 1899 Hoffenheim (3:1).

Dieses 3:1, das Anthony Ujah und Zlatko Junuzovic nach dem zwischenzeitlichen 1:1 mit ihren Treffern in der Nachspielzeit sicherten, ging als ganz besonderes Spiel in die Geschichte des Jahres 2015 ein. Es war das zweite Comeback von Claudio Pizarro im Werder-Trikot. Erst von 1999 bis 2001, dann von 2008 bis 2012 hatte ‚Piza‘ bereits in grün-weiß gespielt. Nun war er wieder da und löste mit seiner Rückkehr zunächst einen Fan-Auflauf am Bremer Flughafen, dann einen Ansturm auf aktuelle Pizarro-Trikots mit der Nummer 14 in der WERDER Fan-Welt aus. Und dann brachte er in Hof-

Starke Werderaner, starker Zusammenhalt: Geschäftsführung, sportliche Leitung, Trainerteam und Spieler gehen gemeinsam den Werder-Weg. Auch Rückschläge wurden in der zweiten Hälfte des Jahres 2015 bereits besonnen und erfolgreich gemeistert. Die hohe Identifikation aller mit der Werder-Raute gehört zu den großen Stärken des Clubs.

Fotos: gumzmedia/A. Gumz, nordphoto

fenheim mit der Vorbereitung des 2:1-Führungstreffers durch Anthony Ujah sein Team auf die Siegerstraße. Für Claudio Pizarro war die Rückkehr an die Weser eine Herzensangelegenheit: „Ich identifiziere mich immer voll mit dem, was ich mache. Damals als sehr junger Spieler war Werder mein erster Verein in Europa. Ich wurde sehr gut aufgenommen und habe mich schnell sehr wohlgefühlt in Bremen und bei Werder. Der Verein ist fest in meinem Herzen. Es freut mich, wieder hier zu sein.“ Auf seinen ersten Treffer musste ‚Piza‘ zwar zunächst warten. Doch bei seiner dritten Werder-Episode geht es ihm auch um mehr: „Wenn man so viel erlebt hat wie ich, dann muss man seine Erfahrung auch im Training und außerhalb des Spielfelds an die jungen Spieler weitergeben.“

Diese Erfahrung Pizarros, auch mit schwierigen Situationen umzugehen, war schon bald gefragt: Auf den Sieg in Hoffenheim folgten für die Grün-Weißen gleich fünf Niederlagen in Serie – dreimal dabei unglücklich mit 0:1, unter anderem gegen den FC Bayern München. Erst der 10. Spieltag brachte wieder ein Erfolgserlebnis – und wie: Im Auswärtsspiel beim 1. FSV Mainz 05 führte die Mannschaft von Viktor Skripnik schon vor der Pause durch die Treffer von Anthony Ujah (2) und Fin Bartels mit 3:0 und befreite sich eindrucksvoll aus der kleinen Ergebniskrise. Der kleine Makel des späten Gegentreffers der Mainzer zum 1:3 in der Schlussminute ärgerte zwar vor allem Werder-Torhüter Felix Wiedwald, änderte jedoch nichts am ‚Dreier‘ für die Grün-Weißen.

Das ersehnte ‚zu Null‘-Spiel gab es für den Keeper dann aber vier Tage später. Zum ersten Mal seit März 2010 durften sich alle Werderaner wieder über ein Heimspiel im DFB-Pokal freuen, zu Gast in der 2. Hauptrunde: der 1. FC Köln. Und schon im Vorfeld war der feste Wille aller Grün-Weißen zu spüren, unbedingt den Einzug ins Achtelfinale zu schaffen. Auch bei den Fans war die Vorfreude riesengroß – mit mehr als 40.000 Zuschauern war das Weser-Stadion fast ausverkauft. Und dass am Ende durch den ‚goldenen Treffer‘ von Anthony Ujah ein 1:0-Erfolg und damit das Erreichen des Achtelfinales stand, sorgte für einen perfekten Werder-Pokal-Abend, der zweifellos zu den Höhepunkten des Jahres 2015 gehörte. „Es gibt nicht viel Besseres, als vor eigenem Publikum unter Flutlicht zu gewinnen. Es war ein tolles Spiel mit einem enorm wichtigen Sieg“, schwärmte Fin Bartels nach dem Schlusspfiff. Und Viktor Skripnik sagte: „Trainerteam, Mannschaft, Fans und die ganze Stadt wollten weiterkommen. Das haben wir geschafft. Und dazu noch zu Null gespielt…“

Dieser Erfolg gab Selbstvertrauen für die Liga. Durch den 2:1-Sieg am 12. Spieltag beim Tabellenletzten FC Augsburg hielten die Grün-Weißen einen direkten Konkurrenten deutlich auf Distanz. Der zur Pause eingewechselte Claudio Pizarro und Fin Bartels läuteten mit zwei sehenswerten Treffern den Hinrunden-Endspurt ein.

Martin Lange

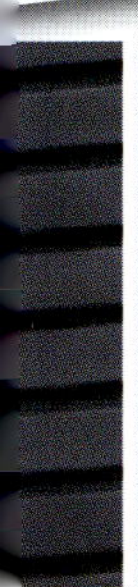

Die Chronologie des Jahres 2015 in Bildern…

Stimmungsvoll, erleb

Gumz

nisreich, einzigartig

5. Januar 2015

Juno-Virus im Januar

Erstes Training des Jahres 2015, Leistungstest im Stadion ‚Platz 11' – und Werders Fans machen deutlich, was sie vom neuen Kalenderjahr erwarten: Die Vertragsverlängerung von Zlatko Junuzovic steht ganz oben auf der Wunschliste der grün-weißen Anhänger. Sie sind ‚junofiziert', und die Botschaft #JUNOBLEIBTBREMER ist deutlich. Einige Wochen sollten sich die treuen Fans allerdings noch gedulden müssen…

Foto: gumzmedia/A. Gumz

10. Januar 2015

Volle Fahrt!

Harte Arbeit wartete traditionell auf die Werder-Profis im Trainingslager in Belek. Der Spaß kam dabei aber nicht zu kurz. Schließlich konnten sich die Grün-Weißen bei erneut optimalen Bedingungen auf die Rückrunde der Saison 2014/2015 vorbereiten. Die kurzen Wege zwischen Hotel und Trainingsplätzen sind dabei nur einer der vielen Vorzüge in der Türkei. Auf geeignete Transportmittel wurde dennoch gerne vertraut, um Kraft für die Trainingseinheiten zu sparen. Hier freuen sich Torwart-Trainer Christian Vander, Theo Gebre Selassie und Co-Trainer Torsten Frings (v. li.) über den Beförderungsservice. Das Motto: Volle Fahrt in Richtung Rückrundenauftakt!

Foto: gumzmedia/A. Gumz

Foto: nordphoto/F. Kokenge

Wasserwerfer

Apropos Spaß – auch das Wetter konnte diesen in Belek nicht verderben. Nach getaner Arbeit stürzten sich Lukas Fröde, Maximilian Eggestein, Janek Sternberg, Levin Öztunali und Izet Hajrovic (v. li.) in die Fluten. Und brauchten dafür nicht mal an den Strand… Ein heftiger Regenguss hatte den Trainingsplatz unter Wasser gesetzt. Und die Grün-Weißen nutzen das zu einer ausgelassenen Rutschpartie.

24. Januar 2015

Rot-Grün im Blindflug

Man könnte meinen, die Spieler hätten beschlossen, ganz eng zusammenzurücken. Doch trotz eisiger Temperaturen – dies war nur der Härtetest vor dem Beginn der Rückrunde. Und es wurde um jeden Zentimeter des Spielfelds gekämpft. Die Grün-Weißen ließen sich bei Liga-Konkurrent Hannover 96 weder vom Schneetreiben noch von der zum Teil eingeschränkten Sicht aufhalten. Philipp Bargfrede, Franco Di Santo und Levent Aycicek erzielten die Werder-Tore beim 3:2-Erfolg.

Foto: nordphoto/C. Frisch

WERDER BREMEN
37
STEINBERG

1. Februar 2015

Licht aus! Spot an!

Endlich wieder Bundesliga, endlich wieder Flutlicht im Weser-Stadion: 42 Tage spielfreie Winterpause sind vorbei. Und nicht nur alle Augen der Fans, sondern auch die vielen Kameras sind wieder auf die Werder-Profis (hier Janek Sternberg beim Einwurf) gerichtet. Die Grün-Weißen starteten dabei so, wie sie im abgelaufenen Jahr beim 2:1 gegen Borussia Dortmund die Hinrunde beendet hatten: mit einem Heimsieg, dem 2:0 gegen Hertha BSC. Es war der Auftakt einer Serie mit vier Siegen in Folge und der Grundstein für die erfolgreiche Rückrunde.

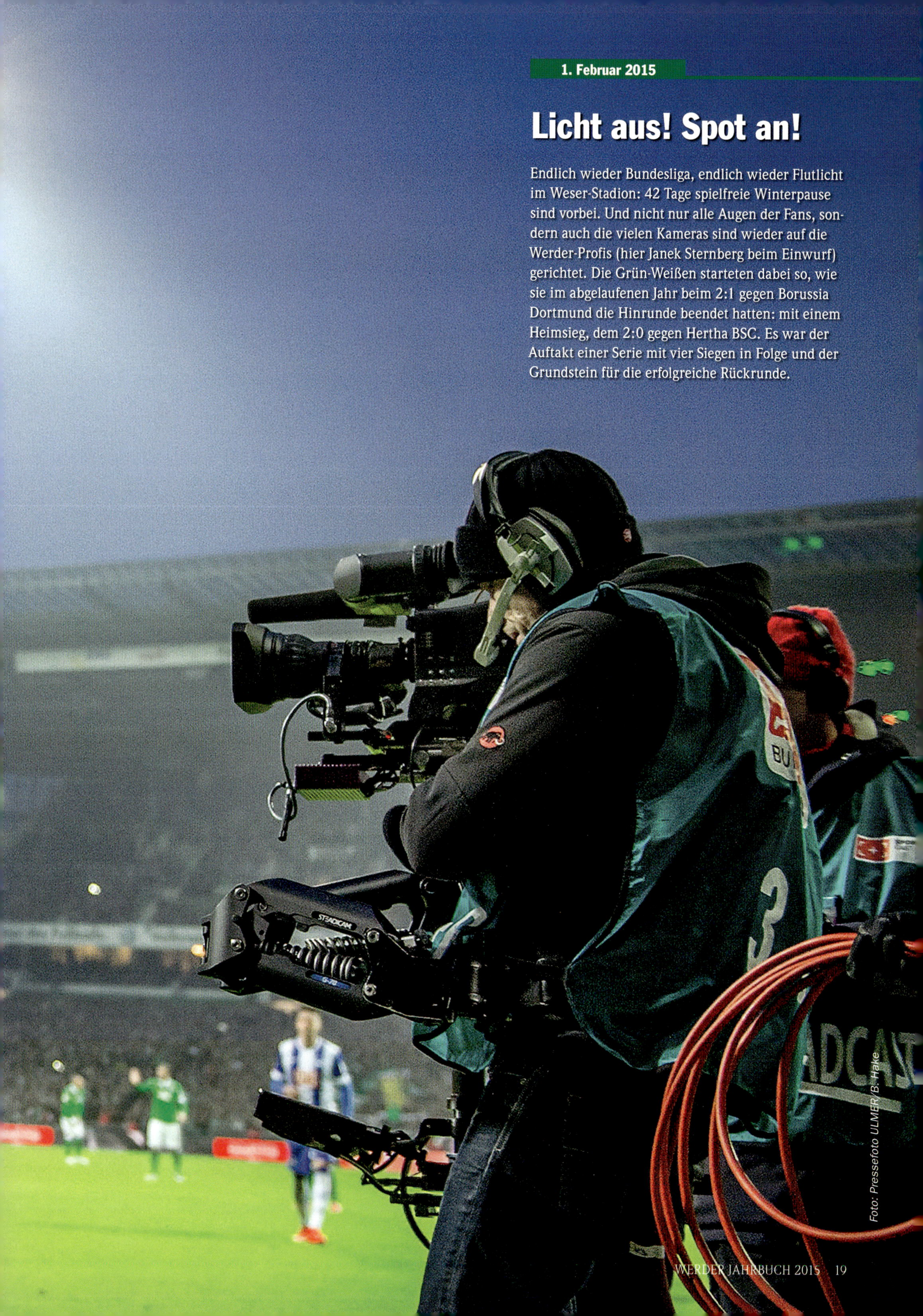

Foto: Pressefoto ULMER/B. Hake

24. Januar 2015

Richtung vorgeben, Ball fordern...

Alejandro Galvez hatte sich für die zweite Saisonhälfte viel vorgenommen. Bereits in der Hinrunde verpasste der Innenverteidiger nur zwei Spiele, nun wollte der Spanier in seiner ersten Spielzeit bei den Grün-Weißen weiter durchstarten. Zwei Wochen später stoppte jedoch eine Knöchelverletzung dieses Vorhaben. Galvez musste eine Zwangspause einlegen und konnte erst am Saisonende wieder aufs Spielfeld zurückkehren.

Foto: Pressefoto ULMER/B. Hake

4. Februar 2015

Himmel hilf!

Es benötigte keinen göttlichen Beistand – die Grün-Weißen waren auch so stark genug, um nach dem ersten auch das zweite Rückrunden-Spiel siegreich zu gestalten. Bei der TSG 1899 Hoffenheim gab es einen 2:1-Erfolg. Torjäger Franco Di Santo brachte sein Team bereits nach acht Minuten mit 1:0 in Führung und somit auf die Siegerstraße. Den zweiten Werder-Treffer erzielte Philipp Bargfrede. Für Di Santo war es bereits das neunte Saisontor im 13. Einsatz – am Ende der Spielzeit schoss sich der Argentinier mit 13 Treffern in die Top 10 der Bundesliga-Torschützen.

Foto: Getty Images/S. Hofmann

Foto: nordphoto/F. Kokenge

14. Februar 2015

Treue!

Was zu Beginn des Jahres als Wunsch, Hoffnung, Sehnsucht begann, ist nun Realität: #JUNOBLEIBT BREMER. Einen Tag vor dem Heimspiel gegen den FC Augsburg verlängerte Zlatko Junuzovic seinen Vertrag bei Werder vorzeitig bis zum Jahr 2018. Eine richtungsweisende Entscheidung für den Österreicher und den Club, die nicht nur die Fans beflügelte, sondern auch die Mannschaft, wie die folgenden Seiten zeigen....

Foto: gumzmedia/A. Gumz

14. Februar 2015

Luki im Glück

Assani Lukimya (2. v. li.) eröffnete im Weser-Stadion beim 3:2-Erfolg gegen den FC Augsburg den Torreigen: mit einem wuchtigen Kopfball und nach Flanke von Zlatko Junuzovic. Die Gefährlichkeit bei Standardsituationen war eine der großen Stärken des SV Werder in der Saison 2014/2015, dank des feinen Fußes von Junuzovic und der kopfballstarken Abnehmer im Team. Mit Lukimya freuen sich hier Davie Selke, Theo Gebre Selassie und Santiago Garcia (v. li.) über den 1:0-Führungstreffer.

Foto: nordphoto/F. Kokenge

Foto: C. Heidmann

14. Februar 2015

Theo im Glück

Ecke Zlatko Junuzovic – und wieder ein Kopfballtreffer, dieses Mal durch Theo Gebre Selassie: Der SV Werder wandte sein Erfolgsrezept auch beim Tor zum zwischenzeitlichen 3:1 gegen den FC Augsburg an. Der Jubel über die sehenswerte Co-Produktion fiel dabei ganz besonders emotional aus. Schließlich teilen sich Theo und ‚Juno' bei Auswärtsfahrten und im Trainingslager ein Zimmer. Und sie verbindet auch außerhalb des Fußballs eine dicke Freundschaft.

Foto: nordphoto/C. Frisch

14. Februar 2015

Strecken!

Beim 3:2-Erfolg gegen den FC Augsburg ging Davie Selke zwar leer aus. Doch so manchem gegnerischen Abwehrspieler streckte der erst 20 Jahre alte Angreifer in der Saison 2014/2015 sinnbildlich die Zunge raus. Selke gehörte zu den Aufsteigern der Liga, kam in 31 von 34 Bundesliga-Spielen zum Einsatz und erzielte neun Treffer.

21. Februar 2015

Last-Minute-Basti…

… hat wieder zugeschlagen! Nach mehrwöchiger Verletzungspause erstmals wieder dabei und erst fünf Minuten zuvor eingewechselt, sorgte Sebastian Prödl – normalerweise Innenverteidiger, dieses Mal Mittelstürmer – im Auswärtsspiel ‚auf Schalke' in der Nachspielzeit mit seinem Kopfballtreffer für den 1:1-Ausgleich. Es war nicht das erste Erfolgserlebnis dieser Art für den Österreicher. Vier seiner zehn Bundesliga-Treffer in sieben Werder-Jahren erzielte er in den Schlussminuten und sorgte entweder für einen Punktgewinn oder gar für den Sieg. Zur Saison 2015/2016 stellte sich Prödl einer neuen Herausforderung und wechselte zum FC Watford in die englische Premier League.

Foto: gumzmedia/A. Gumz

FC Schalke 04
33
bet-at-home
bet-a

Fotos: nordphoto/C. Frisch

1. März 2015

Geschichten aus der Klamottenkiste

„Hey, Theo" – „Wer? Ich?" – „Ja, du" – „Kriege ich dein Trikot?" – „Nur, wenn du mir deins gibst, Kevin"

Gesagt, getan! Nach dem aufsehenerregenden 3:5 zwischen dem SV Werder und dem VfL Wolfsburg im Weser-Stadion sicherte sich Kevin De Bruyne – ehemaliger Werderaner, damaliger Wolfsburger und heutiger Spieler von Manchester City – das Trikot von Theo Gebre Selassie. In der Saison 2012/2013 hatten beide gemeinsam bei den Grün-Weißen gespielt. Auch für Werders tschechischen Nationalspieler wohl kein schlechter Tausch – schließlich gehört De Bruyne nach seinem Wechsel nach England zu den teuersten Fußballern der Welt.

Foto: noraphoto/F. Kokenge

4. März 2015

GerACKERt

Ein akribisch gepflegter und auf einige Millimeter gestutzter Golfrasen erwartete die Grün-Weißen nicht gerade im Achtelfinale des DFB-Pokals bei Drittligist Arminia Bielefeld, eher ein Spielfeld, das man getrost als Acker bezeichnen durfte. Einen Grund für das Ausscheiden lieferten der miserable Untergrund und die nach dem Abpfiff komplett umgepflügte Bielefelder Alm jedoch nur bedingt. Schließlich erspielten sich die Grün-Weißen gute Chancen, zum Beispiel durch Fin Bartels (Foto), ließen diese jedoch ungenutzt. So gab es ein 1:3 und damit das Aus im DFB-Pokal.

21. März 2015

Kopfsache

„Er weiß gar nicht, wie gut er ist“, sagte Werder-Co-Trainer Torsten Frings im späteren Verlauf des Jahres 2015 über Levin Öztunali. Und weiter: „Über kurz oder lang wird Levin explodieren.“ Der von Bayer Leverkusen ausgeliehene U-20-Nationalspieler entschied sich im Dezember 2014 für einen Wechsel zum SV Werder, um hier die nächsten Schritte in seiner Entwicklung zu gehen. Im ersten halben Jahr bei den Grün-Weißen, der Rückrunde der Saison 2014/2015, kam der Mittelfeldspieler nur in einem Spiel nicht zum Einsatz, hier beim 1:1 beim 1. FC Köln wurde er in der 66. Minute eingewechselt.

Foto: nordphoto/C. Kurth

Foto: nordphoto / F. Kokenge

4. April 2015

Bodenhaftung…

… gehört zu den Attributen, die junge Fußballer unbedingt mitbringen müssen, um erfolgreich den Weg in den Profifußball zu gehen – das gilt auf dem Spielfeld und auch außerhalb. Janek Sternberg, der hier beim 0:0 gegen den 1. FSV Mainz 05 Gegenspieler Shinji Okazaki leidenschaftlich stoppt, gehört zu den zahlreichen Talenten, die bei den Grün-Weißen im Jahr 2015 in der Bundesliga zum Einsatz kamen. Eine Chance für den Nachwuchs – es ist der Werder-Weg, ein Weg, auf dem Bodenhaftung eine große Bedeutung hat.

8. April 2015

Starkes Team

Dass ihn seine Co-Trainer Torsten Frings und Florian Kohfeldt in die Bundesliga begleiten, war für Cheftrainer Viktor Skripnik von Anfang an klar. Schließlich hatten die drei – gemeinsam mit Torwart-Trainer Christian Vander – bereits in der U 23 hervorragend zusammengearbeitet. Seit Ende März/Anfang April 2015 weiß Skripnik dabei – auch offiziell – noch mehr geballte Fußballkompetenz an seiner Seite. Frings und Kohfeldt hatten eine Woche vor dem Entstehen dieses Fotos ihre Urkunden als frischgebackene DFB-Fußballlehrer erhalten. Kohfeldt schloss die Ausbildung als Lehrgangsbester ab.

Foto: nordphoto/C. Frisch

12. April 2015

Gute Premiere, böse Premiere

Im Spiel beim VfB Stuttgart erzielte Jannik Vestergaard sein erstes Bundesliga-Tor für den SV Werder – den Ausgleich zum 2:2, drei Minuten vor dem Ende (kleines Foto). Nicht mehr lange zu spielen, der Gegner zudem seit der Gelb-roten Karte für Martin Harnik kurz zuvor in Unterzahl – der Punktgewinn war zum Greifen nah. Und doch konnte sich Werders groß gewachsener Innenverteidiger nicht lange über seine Premiere freuen. Denn der VfB, vor diesem Spieltag Tabellenletzter, schlug noch einmal zurück. In der Nachspielzeit kassierten die Grün-Weißen das 2:3, und so gab es eine weitere Premiere: die erste Auswärtsniederlage der Rückrunde.

Fotos: gumzmedia/A. Gumz, nordphoto/Straubmeier

Foto: gumzmedia/A. Gumz

19. April 2015

Derbyhelden vergisst man nicht

Erst recht nicht, wenn sich nach dem Abpfiff alle noch zum Siegerfoto vor der Ostkurve aufstellen… Zum 18er-Kader beim 1:0-Erfolg gegen den Hamburger SV im Weser-Stadion gehörten: Janek Sternberg, Philipp Bargfrede, Sebastian Prödl, Torschütze Franco Di Santo (oben, v. li.), Raphael Wolf, Zlatko Junuzovic, Özkan Yildirim, dahinter verdeckt Jannik Vestergaard, Theo Gebre Selassie, dahinter verdeckt Cedrick Makiadi, Clemens Fritz (verdeckt), Levin Öztunali, Davie Selke, Felix Kroos, Koen Casteels, Levent Aycicek, Alejandro Galvez (v. li.) und Assani Lukimya (ganz vorne).

Foto: gumzmedia/A. Gumz

2. Mai 2015

Zum Zerreißen gespannt…

… sollte einige Monate später das Verhältnis zwischen Franco Di Santo und den Werder-Fans sein, als dessen Wechsel zum FC Schalke 04 bekannt gegeben wurde. Der Argentinier zog also weiter auf seiner Europa-Tour. Insgesamt erzielte er in 49 Bundesliga-Partien für Werder 17 Treffer. Eintracht Frankfurt – mit Werder-Idol Thomas Schaaf auf der Trainerbank – versuchte daher in diesem Spiel mit allen Mitteln, dem Torjäger der Grün-Weißen keinen Treffer zu gestatten. Das gelang zwar, dafür traf aber Di Santos Sturmpartner Davie Selke und sicherte den 1:0-Erfolg.

9. Mai 2015

Maßarbeit

Traumtor, Geniestreich, Standardkönig – es gab jede Menge Lobeshymnen nach Zlatko Junuzovic‘ Freistoßtreffer zum 1:1-Endstand im Spiel bei Hannover 96. Am Ende der Spielzeit verzeichneten Statistiker folgenden Rekord: 19 (!) seiner Ecken und Freistöße führten direkt oder unmittelbar danach zu einem Tor für die Grün-Weißen. Dieser Freistoß in den Winkel des 96-Tores war einer von ‚Junos‘ sechs Saisontreffern 2014/2015. Insgesamt sammelte er 21 Scorer-Punkte.

Foto: nordphoto/Rust

Foto: gumzmedia/A. Gumz

9. Mai 2015

„Vor Freude explodieren"

Dieser Treffer setzte jede Menge Energie und Adrenalin frei: Nach seinem gefühlvollen Freistoß in den Winkel des Hannoverschen Tores (siehe vorherige Seite) stürmte Zlatko Junuzovic in Richtung der mitgereisten Werder-Fans. Hinterher beschrieb der österreichische Nationalspieler seine Gefühlslage in diesem besonderen Jubel-Moment: „Wenn der Ball so ins Tor geht und man dann auf die Fans zuläuft – einfach ein geiler Augenblick. Ich hätte explodieren können vor Freude."

Fotos: T. Grziwa, M. Rospek

16. Mai 2015

Verdiente ‚Alte Meister'

Erinnerungen an einen historischen Triumph: 1965 hatte der SV Werder erstmals den Deutschen Meistertitel an die Weser geholt. 50 Jahre später wurden die Helden von einst wieder im Weser-Stadion gefeiert. Bereits zum Bundesliga-Spiel gegen Frankfurt zwei Wochen zuvor hatte der Club die Meister-Mannschaft eingeladen und anschließend ein Essen im Bremer Park-Hotel ausgerichtet (kleines Foto). Vor der Partie gegen Borussia Mönchengladbach beeindruckten dann die Fans in der Ostkurve mit einer aufwändigen und sehenswerten Choreografie.

Foto: hansepixx/O. Baumgart

17. Mai 2015

1. Bundesliga, wir kommen!

Für fußballerische Highlights beim SV Werder Bremen sorgte im Jahr 2015 nicht nur die Bundesliga-Mannschaft. Einen historischen Erfolg feierten die Fußballerinnen, die sich mit dem 4:0-Sieg bei Holstein Kiel am vorletzten Saison-Spieltag den Aufstieg in die deutsche Eliteklasse sicherten. Der erfolgreiche Weg, den der grün-weiße Frauenfußball seit der Neugründung 2007 beschritten hat, wurde damit gekrönt. Werders Fußballerinnen – ein weiteres Aushängeschild für den Sport in Bremen.

Foto: gumzmedia/A. Gumz

31. Mai 2015

3. Liga, wir kommen!

Als Meister der Regionalliga Nord hatte sich Werders U 23 für die Aufstiegsspiele zur 3. Liga qualifiziert. Der Gegner: die zweite Mannschaft von Borussia Mönchengladbach, Meister der Regionalliga West. Das Hinspiel im Stadion ‚Platz 11': torlos. Das Rückspiel im Borussia-Park nach 90 Minuten: torlos. Verlängerung! Dramatik pur! Und dann die 110. Minute: Patrick Mainka trifft zum 1:0 für die Grün-Weißen. Kurz vor dem Ende macht dann Levent Aycicek mit seinem Treffer zum 2:0 alles klar. Der umjubelte Aufstieg ist perfekt – ein Riesenerfolg für Trainer Alexander Nouri (2. v. re.), sein Team und den gesamten SV Werder!

Fotos: gumzmedia/A. Gumz

1. Juli 2015

Wiedersehensfreude

Trainingsauftakt am Weser-Stadion – das ist jedes Mal ein bisschen wie der erste Schultag nach den Sommerferien: endlich wieder im Kreis der Mannschaft zusammen sein, die Neuen kennenlernen, in Urlaubserinnerungen schwelgen. Und über allem schwebt die Vorfreude auf die bevorstehende Saison. Die gute Stimmung von Trainer Viktor Skripnik (oben re.), Kapitän Clemens Fritz (oben li.) und Santiago Garcia (li.) konnte auch der obligatorische Leistungstest auf ‚Platz 11' nicht trüben, der allen jedoch schlagartig ins Gedächtnis rief, dass in den darauffolgenden Wochen viel Arbeit warten würde.

5. Juli 2015

Abgekühlt

Heiß war's im ersten Trainingslager in Neuruppin. Werder machte zu Beginn der Vorbereitung in Brandenburg Station, und die Spieler mussten mit extrem hohen Temperaturen kämpfen, die die intensive Trainingsarbeit zusätzlich erschwerten – hier erfrischt sich Cedrick Makiadi. Für den kongolesischen Nationalspieler, der 2013 zu den Grün-Weißen gekommen war, sollten es die letzten Wochen im Werder-Trikot sein. Am 27. August 2015 wechselte er nach 48 Bundesliga-Einsätzen für Werder zum türkischen Club Caykur Rizespor.

Foto: nordphoto/F. Kokenge

Fotos: nordphoto/F. Kokenge, Pressefoto ULMER/A. Schaad

11. Juli 2015

Kunstvolles in Salzburg

Dieser Zwischenstopp hat sich gelohnt: Auf dem Weg ins Trainingslager im österreichischen Zillertal machten die Grün-Weißen in Salzburg Station und sprühten beim ‚Audi quattro Cup' vor Spielfreude. Gastgeber Red Bull Salzburg wurde in nur 45 Minuten mit 4:0 in die Schranken gewiesen, dabei traf unter anderem Anthony Ujah sehenswert per Hacke zum zwischenzeitlichen 2:0 (kleines Foto). Das Finale gegen den FC Valencia blieb zwar zunächst torlos. Doch die Elfmetertreffer von Julian von Haacke, Levin Öztunali und Janek Sternberg sowie der gehaltene Strafstoß von Torhüter Felix Wiedwald gegen Valencias Victor Ruiz sorgten dafür, dass Theo Gebre Selassie unter dem Jubel der Kollegen den Pokal entgegennehmen konnte. Der Tscheche hatte das Team im Finale als Kapitän aufs Feld geführt.

Fotos: gumzmedia/H. Gumz

12. Juli 2015

Mutig durch Höhen und Tiefen

Sprung ins kalte Wasser als Belohnung für die harte Trainingsarbeit und zur Förderung des Teamgeistes: Rund zweieinhalb Stunden lang rutschte, sprang und kraxelte die Mannschaft inklusive Trainerteam am Zemmbach, einem insgesamt 29 Kilometer langen Nebenfluss des Ziller im Zillertal, und hatte – wie hier Ulisses Garcia (kleines Foto) – schon beim Zwängen in die Neopren-Ausrüstung jede Menge Spaß. Mut und immer wieder auch ein bisschen Überwindung waren gefragt, um alle Passagen der abwechslungsreichen Strecke zu bewältigen.

Foto: gumzmedia/A. Gumz

16. Juli 2015

Stabilität für Kopf und Körper

Saisonvorbereitung ist im heutigen Profifußball mehr als ein bisschen Technik, Taktik und Testspiele. Körper und Kopf werden ganzheitlich gefordert. Auch das Sammeln neuer Bewegungserfahrungen steht auf dem Trainingsplan. Hier machen die Spieler beim Kopfstand eine gute Figur.

Foto: gumzmedia/A. Gumz

24. Juli 2015

Grün-weiße Seilschaft

Elf Männer und ein Seil: Sprungkraft-Training einmal anders. Kapitän Clemens Fritz (re.) und Jannik Vestergaard geben den Takt vor. Und für die anderen Neun heißt es: Im Gleichschritt abheben! Klar, dass für Viktor Skripnik (re. im Hintergrund) und sein Trainerteam nicht nur die Verbesserung der Sprungkraft das Ziel dieser Übung war. Die Botschaft an die Spieler lautet: Nur gemeinsam kann die Aufgabe gemeistert und die Hürde übersprungen werden. Tanzt einer aus der Reihe, dann geht es für das gesamte Team nicht mehr weiter!

25. Juli 2015

Stars zum Anfassen

Zwar spielte das Wetter dieses Mal nicht die ganze Zeit mit, aber ‚Tag der Fans' ist eben nur einmal im Jahr… Trotz Sturmwarnung und heftiger Wolkenbrüche strömten die Anhänger der Grün-Weißen in Scharen zum Weser-Stadion, um ihren Werder-Stars ganz nah zu sein. Die Vorstellung der Mannschaft gehörte erneut zu den Highlights des Tages: Kapitän Clemens Fritz und seine Mitspieler präsentierten sich im Weser-Stadion und wurden begeistert gefeiert.

Foto: gumzmedia/A. Gumz

Foto: gumzmedia/A. Gumz

25. Juli 2015

Top-Spiel!

Es war nicht irgendein Testspiel-Gegner, sondern ein echter Hochkaräter: Der SV Werder präsentierte zum traditionellen ‚Tag der Fans' den Europa-League-Gewinner FC Sevilla im Weser-Stadion – und bestand diesen Härtetest mit Bravour. Felix Kroos, Anthony Ujah und Oliver Hüsing sorgten mit ihren Treffern für den 3:1-Erfolg. Hier bejubeln Maximilian Eggestein (li.) und Zlatko Junuzovic (2. v. li.) mit Vorbereiter Fin Bartels (2. v. re.) und Torschütze Ujah (re.) das zwischenzeitliche 2:0.

Foto: nordphoto/Ewert

2. August 2015

Dreimal ist Bremer Recht

Diese Dreifach-Einwechslung im Testspiel bei Premier-League-Club West Ham United in London stand sinnbildlich für die Saisonvorbereitung. Spielpraxis für die Talente der Grün-Weißen, ihnen die Chance zu geben, sich in den Vordergrund zu spielen – das gehörte zu den wichtigen Zielen des Trainerteams. Hier schickt Co-Trainer Torsten Frings (re.) in der 63. Minute Luca Zander, Lukas Fröde und Ousman Manneh aufs Feld. Zu diesem Zeitpunkt führte ihr Team bereits mit 2:1 durch einen Doppelpack von Torjäger Anthony Ujah. Und dies sollte schließlich auch der Endstand sein. Die Grün-Weißen hatten sich gegen den starken englischen Club behauptet und blickten nun selbstbewusst und zuversichtlich dem ersten Pflichtspiel entgegen.

8. August 2015

Klein, aber oho!

David gegen Goliath, Klein gegen Groß – auch am Anfang der Saison 2015/2016 stand die 1. Hauptrunde im DFB-Pokal. Und damit die Chance für die Kleinen, etwas Großes zu erreichen, und die Gefahr für die Großen, klein beigeben zu müssen. Der SV Werder hatte damit in der Vergangenheit leidvolle Erfahrungen gemacht. Doch dieses Mal gelang es den Würzburger Kickers nicht, die Verhältnisse umzudrehen. Zwar mussten die Grün-Weißen beim Drittliga-Aufsteiger in die Verlängerung, doch dann schoss erst Anthony Ujah das erlösende 1:0, ehe schließlich Fin Bartels mit seinem Treffer den 2:0-Endstand besorgte (Foto). Und da der quirlige Mittelfeldspieler nur 1,76 Meter misst, galt an diesem Nachmittag doch noch das Motto: Klein, aber oho!

Foto: nordphoto/Straubmeier

Foto: Pressefoto ULMER/B. Hake

15. August 2015

Klare Linie an der Linie

Bundesliga-Auftakt im Weser-Stadion, Werder hat am ersten Spieltag den FC Schalke 04 zu Gast. Und Cheftrainer Viktor Skripnik deutet an, dass er seiner Linie an der Linie auch in der neuen Spielzeit treu bleiben will. Sparsam, aber klar in der Gestik – ruhig, aber entschlossen in seinen Ansagen: Den Coach kann am Spielfeldrand so schnell nichts aus der Fassung bringen. Mit seiner Philosophie der ruhigen Hand ist er ein wichtiger Halt für seine Mannschaft.

15. August 2015

Entschlossen!

Die Nummer eins im Werder-Tor zu werden – man könnte meinen, diesen Entschluss hat Felix Wiedwald im Jahr 2015 gefasst, als er sich entschied, von Eintracht Frankfurt an die Weser zu wechseln. Doch eigentlich steht der Plan bereits seit 1999! Im Alter von neun Jahren wechselte der kleine Felix damals vom TSV Achim vor den Toren Bremens zum SV Werder und wollte schon damals nur ins Weser-Stadion. Bis 2011 durchlief er die Jugend-Mannschaften, spielte in der U 23 und schaffte den Sprung in den Bundesliga-Kader. Dann sammelte er Spielpraxis beim MSV Duisburg und bei Eintracht Frankfurt, ehe er zurückkehrte. Der Saisonauftakt bedeutete nun die Erfüllung eines Traums: Zum ersten Mal stand Wiedwald bei einem Bundesliga-Heimspiel mit der Nummer 42 als Nummer eins im Werder-Tor – fest entschlossen, diesen Platz viele Jahre lang zu verteidigen.

Fotos: Pressefoto ULMER/B. Hake

15. August 2015

„Harter Wettkampf“

Viel Einsatz, aber es lief noch nicht alles rund: Die Grün-Weißen mussten sich am ersten Spieltag gegen den FC Schalke 04 mit 0:3 geschlagen geben. „Die Bundesliga ist ein harter Wettkampf, bei dem jeder Fehler eiskalt bestraft wird“, stellte Geschäftsführer Thomas Eichin fest. Zwar blieb Ex-Werder-Torjäger Franco Di Santo (im Foto re.) nach seinem Last-Minute-Wechsel zu Schalke gegen die ehemaligen Kollegen blass. Dafür nutzten seine Mitspieler die Chancen effizient. Zudem profitierten die Gäste von einem unglücklichen Eigentor durch Theo Gebre Selassie zum 0:1 in der ersten Halbzeit.

Foto: gumzmedia/A. Gumz

21. August 2015

Explosiv!

Anthony Ujah schreit seine Freude und Erleichterung heraus. Dem neuen Torjäger gelang der erste Bundesliga-Treffer des SV Werder in der Saison 2015/2016. Es war der Ausgleich zum 1:1-Endstand bei Hertha BSC, der den Grün-Weißen damit am zweiten Spieltag den ersten Zähler sicherte. ‚Tony' stellte dabei seinen unnachahmlichen Torriecher unter Beweis: Nach sehenswerter Flanke von Ulisses Garcia explodierte Ujah im gegnerischen Strafraum und drückte den Ball unwiderstehlich über die Linie.

Foto: gumzmedia/A. Gumz, nordphoto/Bratic

WIESENHOF

30. August 2015

Klarer Fall von ‚Fahnenflucht‘

Die Eckfahne ächzt förmlich unter der Einsatzfreude von Clemens Fritz, doch es gibt für sie kein Entrinnen! Werders Greenkeeper hat derweil im Weser-Stadion viel zu tun. Denn in seinem Arbeitsreich geht es arbeitsreich zu, wenn der Kapitän auch im äußersten Winkel des Spielfelds mal wieder keinen Ball verloren gibt. Es ist seine 13. Saison in der 1. Bundesliga, die zehnte im Werder-Trikot mit mittlerweile mehr als 250 Einsätzen für die Grün-Weißen – und Clemens Fritz ist für die Mannschaft wertvoller denn je.

Foto: nordphoto/F. Kokenge

Foto: gumzmedia/A. Gumz

30. August 2015

Ihr da oben, wir da unten

Siegesfreude pur: Nach dem ersten Saisonsieg, dem 2:1-Erfolg gegen Borussia Mönchengladbach, flogen sowohl auf der Tribüne als auch auf der Werder-Bank die Fäuste gen Himmel, und es herrschte ausgelassener Jubel – zumindest bei Co-Trainer Torsten Frings, Torwart-Trainer Christian Vander, Co-Trainer Florian Kohfeldt, Sportdirektor Rouven Schröder, Athletiktrainer Jörn Heineke, Mannschaftsarzt Dr. Philip Heitmann und Physiotherapeut Adis Lovic (v. li.). Cheftrainer Viktor Skripnik (ganz li.) schickt sich hier immerhin an, seiner Mannschaft zu applaudieren. Wenig später war dann auch beim Coach der Grün-Weißen die Anspannung abgefallen und die Erleichterung riesengroß… (bitte umblättern)

WERDER BREMEN
GEBRE
ORIGINAL
WIESENHOF

30. August 2015

Viktor(y)

Erschöpft, aber glücklich: Cheftrainer Viktor Skripnik (re.) – hier mit Clemens Fritz (Mitte) und Aron Johannsson (li.), der per Elfmeter für die 1:0-Führung gesorgt hatte – ist die Erleichterung nach dem Sieg gegen Borussia Mönchengladbach ins Gesicht geschrieben. Später sagte der Coach: „Ich bin sehr stolz auf meine Mannschaft und sehr zufrieden mit diesem Sieg gegen einen Top-Gegner. Die Jungs haben heute gekämpft, geackert und sich dafür belohnt."

Foto: Pressefoto ULMER/B. Hake

30. August 2015

Geballte Power

Thomas Eichin (li.) und Rouven Schröder (re.) fiebern bei jedem Spiel von der ersten bis zur letzten Sekunde mit der Mannschaft. Geschäftsführer und Sportdirektor haben sich mit Leidenschaft und Herzblut der Aufgabe verschrieben, mit geringeren finanziellen Mitteln als so mancher Bundesliga-Konkurrent eine interessante und erfolgreiche Werder-Mannschaft zu formen. Klar, dass auch für sie Siege der schönste Lohn für die intensive Arbeit sind.

Fotos: Pressefoto ULMER/B. Hake, C. Heidmann

Fotos: nordphoto

30. August 2015

Hände hoch!

Nach einem Sieg – wie dem 2:1 gegen Borussia Mönchengladbach – gibt es im Weser-Stadion feste Rituale: zunächst der gemeinsame Jubel mit den Fans in der Ostkurve, und dann geht's auf dem Weg in die Kabine zum Abklatschen mit den Anhängern in der ersten Reihe (hier Aron Johannsson, Jannik Vestergaard und Anthony Ujah, kleine Fotos, v. li.). Ein gern gepflegter Brauch ist auch der Besuch von Schwester Seraphinis (Foto unten re.). Die 75 Jahre alte frühere Oberin im Schwesternkonvent des Bremer St.-Josef-Stift ist seit mehr als 30 Jahren Werder-Fan und als Glücksbringerin ein gerne gesehener Gast im Weser-Stadion.

Foto: gumzmedia/A. Gumz

8. September 2015

Er ist wieder da!

Am Abend zuvor war Claudio Pizarro von Hunderten begeisterter Fans am Bremer Flughafen empfangen worden. Nun pilgerten die Werder-Anhänger zu seinem ersten Training mit der neuen/alten Mannschaft. Die Rückkehr von Claudio Pizarro an die Weser elektrisierte ganz Bremen so wie nie zuvor ein Spielerwechsel. Und selten entstanden in der Hansestadt wohl in kurzer Zeit so viele Selfies wie an diesen beiden Tagen. ‚Piza' war derweil überwältigt: „Dieser herzliche Empfang hat mir sofort wieder gezeigt, warum ich mich hier immer so wohlgefühlt habe."

13. September 2015

Erfolgsrezept ‚Piza Tony'

Erster Einsatz, erster Assist: Mit einem echten Paukenschlag kehrte Claudio Pizarro für Werder aufs Spielfeld zurück. In der Auswärtspartie bei der TSG 1899 Hoffenheim in der 82. Minute beim Stand von 1:1 eingewechselt, erreichte ihn wenig später ein millimetergenauer langer Pass von Santiago Garcia im gegnerischen Strafraum. ‚Piza' nahm den Ball gefühlvoll an und leitete ihn im Fallen und bedrängt von drei Gegenspielern noch geschickt zu Anthony Ujah weiter. Der drückte die Kugel geistesgegenwärtig über die Linie – das 2:1 in der Nachspielzeit. Kurz danach erhöhte Zlatko Junuzovic, der auch den ersten Werder-Treffer des Tages erzielt hatte, sogar noch auf 3:1.

Fotos: gumzmedia/A. Gumz, nordphoto/Bratic

21

WIESENHOF
14

19. September 2015

Schieflage

Es war ein unglücklicher Auftritt der Grün-Weißen am 5. Spieltag im Heimspiel gegen Aufsteiger FC Ingolstadt 04. Dass es an Kampfgeist und Siegeswillen nicht mangelte, zeigt dieser artistische Einsatz von Theo Gebre Selassie. Am Ende stand trotzdem eine 0:1-Niederlage, die erst kurz vor Ende der Nachspielzeit durch einen verwandelten Strafstoß der Gäste besiegelt wurde.

Foto: C. Heidmann

19. September 2015

Willkommenskultur

Jedem eine Heimat zu geben, jeden willkommen zu heißen, unabhängig von Geschlecht, Abstammung, Hautfarbe, Herkunft, Glauben, sozialer Stellung oder sexueller Identität – das ist ein wichtiger Teil der Philosophie und der Arbeit des SV Werder Bremen. Klar, dass gerade beim besonders großen Zustrom von Flüchtlingen nach Deutschland im Jahr 2015 dem umfangreichen sozialen Engagement der Grün-Weißen eine besondere Bedeutung zukommt. Refugees welcome! Flüchtlinge willkommen!

Foto: T. Grziwa

Foto: nordphoto/F. Kokenge

26. September 2015

Hand in Hand

Es war ein ganz besonderer Heimspieltag und ein Höhepunkt im langjährigen Engagement des SV Werder für Inklusion, Toleranz und gegen Diskriminierung: Mit der ‚Aktion Mensch' und der ‚Bundesliga-Stiftung' veranstalteten die Grün-Weißen erstmalig in der Geschichte der Bundesliga einen Spieltag unter dem Motto ‚Gemeinsam für Inklusion' und warben für ein selbstverständliches Miteinander von Menschen mit und ohne Behinderung. „Wir wollen dabei helfen, Berührungsängste und Vorurteile auf dem Platz und am Rande des Spielfeldes abzubauen", sagte Dr. Hubertus Hess-Grunewald, Geschäftsführer und Präsident des SV Werder. Als Highlight des Tages liefen beide Teams mit gehandicapten und nicht gehandicapten Kindern ins Weser-Stadion ein.

Foto: nordphoto/Rust

3. Oktober 2015

Harte Landung

Die Statistik verzeichnete mehr Torschüsse, mehr Ballbesitz, mehr erfolgreiche Pässe, mehr gewonnene Zweikämpfe für die Grün-Weißen – doch am Ende gab es bei Hannover 96 eine 0:1-Niederlage. Fin Bartels versuchte es in dieser Szene artistisch, aber auch dabei fand der Ball nicht den Weg ins gegnerische Tor. Es war eine gute Leistung des Teams, so lautete das Fazit der Verantwortlichen. Letztlich fehlten den Werder-Profis jedoch Zielstrebigkeit, der Zug zum Tor und die hundertprozentige Überzeugung beim Abschluss.

17. Oktober 2015

Zeitweise auf Augenhöhe

Sie lieferten den (scheinbar) übermächtigen Gästen im Weser-Stadion einen aufopferungsvollen Kampf. Gegen den ‚Fast-schon-wieder-Meister' FC Bayern München, der bis zu diesem Zeitpunkt acht Siege aus den ersten acht Saisonspielen geholt hatte, gab es lediglich einen Gegentreffer, durch Thomas Müller – hier im Duell mit Santiago Garcia (Foto re.) und Alejandro Galvez (Foto unten li.). Leider wollte der Ball – trotz guter Chancen – nicht in den Kasten von Manuel Neuer. Und so stand am Ende ein knappes 0:1. „Wir haben uns gut aus der Affäre gezogen, aber es geht niemand zufrieden nach Hause. Unter dem Strich steht ein verlorenes Bundesliga-Spiel", erklärte Werder-Kapitän Clemens Fritz (hier gegen Arturo Vidal, Foto oben li.).

Fotos: gumzmedia/A. Gumz, C. Heidmann

17. Oktober 2015

Eng stehen!

Mit welchem Matchplan geht man in ein Spiel gegen das „wohl beste Team der Welt“ (Zitat Philipp Bargfrede, re., vor dem Duell gegen Bayern München)? Diese Frage beschäftigte in der ersten Hälfte der Saison 2015/2016 nicht nur den SV Werder, sondern ganz Fußball-Deutschland. Die Grün-Weißen wählten eine clevere Taktik, machten mit einem vielbeinigen Abwehrwall dem Gegner das Leben schwer und überraschten dann mit einem beherzten Schlussspurt. Am Ende gab es Komplimente, aber trotzdem ein 0:1.

Foto: Pressefoto ULMER/B. Hake

24. Oktober 2015

‚Tony'-Tage, Teil 1

Alarmstufe Rot im Mainzer Strafraum: Die Gastgeber mussten trotz deutlicher Überzahl in dieser Szene den Verlust der Lufthoheit beklagen. Verantwortlich dafür: Anthony Ujah. Werders Angreifer gelang beim 3:1-Erfolg der Grün-Weißen beim 1. FSV Mainz 05 mit diesem Kopfball in der 40. Minute die 1:0-Führung. Nur fünf Minuten später packte er seinen zweiten Treffer drauf. Gut möglich, dass der starke Auftritt des Torjägers an der vertrauten Umgebung lag. Mainz war für den Nigerianer von 2011 bis 2012 die erste Station in der Bundesliga. Ein gutes Omen fürs darauffolgende Spiel…

Foto: gumzmedia/A. Gumz

Foto: C. Heidmann

28. Oktober 2015

‚Tony'-Tage, Teil 2

Es war der entscheidende Moment dieses glanzvollen DFB-Pokal-Abends im Weser-Stadion: Nach einer sehenswerten Drehung im Strafraum schickte Anthony Ujah den Ball in Richtung Kölner Tor und blickte dann gebannt der Kugel hinterher. Kurz danach: Drin der Ball! Und grenzenloser Jubel! Ach, nein… „Aus Respekt vor den Kölner Fans und vor dem Verein habe ich darauf verzichtet", erklärte ‚Tony' später. Vom Rhein war der Angreifer im Sommer an die Weser gewechselt, hatte zuvor drei Jahre lang für den FC gespielt. Aber: „Tore schießen ist mein Job, so ist das im Fußball", weiß Ujah. „Ich gebe alles für Werder Bremen, das ist jetzt mein Verein." Und den schoss er mit seinem ‚goldenen' Treffer ins Achtelfinale des DFB-Pokals.

28. Oktober 2015

Damit kann man sich sehen lassen!

Ein 1:0 im neuen Werder-Event-Trikot! Bei seiner Premiere wurde das Shirt zu einem echten Glücksbringer: Der Dress in den Bremer Farben rot und weiß, veredelt mit dem Schlüssel aus dem Wappen der Hansestadt, erlebte beim DFB-Pokal-Erfolg gegen den 1. FC Köln einen furiosen Start. Kein Wunder, dass das Event-Trikot seitdem häufig über den Tresen der WERDER Fan-Welt ging.

Foto: gumzmedia/A. Gumz

8. November 2015

Strahlkraft!

Es war bereits sein 177. Tor in der Bundesliga, 90 davon schoss er im Werder-Trikot. Und doch war der sehenswerte Volleyschuss zur 1:0-Führung beim FC Augsburg (am Ende 2:1) für Claudio Pizarro nicht irgendein Treffer. Das erste Erfolgserlebnis nach seiner Rückkehr zu den Grün-Weißen ließ ‚Piza' ganz besonders strahlen. Vor allem aus einem ganz uneigennützigen Grund: „Dieser Sieg war extrem wichtig für unsere Mannschaft." In den Rekordlisten dürfte bei Pizarros erneut unter Beweis gestellter Torgefährlichkeit jedoch einige Spieler ein ungutes Gefühl beschlichen haben. 101 Treffer stehen für Marco Bode, Werders heutigen Aufsichtsratsvorsitzenden, als Bundesliga-Rekordtorschütze des SV Werder zu Buche. In der Liga zog der Peruaner nun mit Klaus Allofs und Dieter Müller gleich (alle Platz sieben). Klar, dass es ‚Pizas' Ziel ist, in den Rekordlisten weiter zu klettern...

Foto: nordphoto/Straubmeier

Das SV W(IR)-Gefühl – da will ich dabei sein!

Auf ein erfolgreiches

Werder-Jahr 2016!

Foto: nordphoto/F. Kokenge

Einzigartige Einblicke

Folge dem SV Werder bei Facebook, Twitter, Instagram & Co!

Auf den Social-Media-Profilen der Grün-Weißen gibt es nicht nur die schnellsten Infos – brandheiß und mit dem Ohr direkt an der Bundesliga-Mannschaft und den Verantwortlichen. Vor allem die vielen Fotos ermöglichen einzigartige Einblicke in die Werder-Welt, die sonst verborgen blieben: Ob die Unterschrift von Zlatko Junuzovic unter seinen neuen Vertrag, die vorbereitete Kabine vor einem Spiel oder die Arbeit der Profis im Kraftraum in den Katakomben des Weser-Stadion – Werders ‚Digital & Social Media'-Team ist dabei und bringt die Infos sofort zu den Fans.

Auch viele Spieler der Grün-Weißen sind bei Facebook, Twitter, Instagram und Co aktiv und geben dort Einblicke in ihr Leben. Im Folgenden gibt es eine Auswahl der besten Bilder des Jahres 2015.

Jetzt dabei sein und nichts mehr verpassen:
www.werder.de/facebook
www.werder.de/twitter
www.werder.de/instagram
www.werder.de/google+
www.werder.de/youtube

30. Januar Morgenstund' hat Gold im Mund: Sportdirektor Rouven Schröder zu Gast in der Morgenshow bei Radio Bremen 4.

4. Februar Fertig zum Einzug: Die Werder-Kabine vor dem Spiel bei der TSG 1899 Hoffenheim.

2. Januar Amtsantritt: Der neue Geschäftsführer Dr. Hubertus Hess-Grunewald bezieht sein Büro im Weser-Stadion.

8. Februar Glücksmoment: Santiago Garcia, Alejandro Galvez und Franco Di Santo halten den 2:1-Sieg gegen Bayer Leverkusen für die Nachwelt fest.

9. Februar Platz 3 beim Afrika-Cup mit der Demokratischen Republik Kongo: Cedrick Makiadi zeigt stolz seine Bronzemedaille.

13. Februar

Juno bleibt Bremer: Zlatko Junuzovic und Geschäftsführer Thomas Eichin bei der Vertragsunterschrift.

22. Februar

Juno im 'Aktuellen Sportstudio' des ZDF mit Moderator Sven Voss (Mitte) und Skifahrer Fritz Dopfer (li.).

25. Februar

Vielseitig einsetzbar: Spaßvogel Franco Di Santo versucht sich im Weser-Stadion als Greenkeeper.

31. März

Endlich Fußballlehrer: Florian Kohfeldt und Torsten Frings haben den Lehrgang erfolgreich abgeschlossen.

1. April

In Szene gesetzt: Cheftrainer Viktor Skripnik beim Foto-Shooting für die Fußball-Zeitschrift '11 Freunde'.

2. April

Zukunft geplant: Thomas Eichin (li.) und Rouven Schröder (re.) verlängern den Vertrag mit Florian Grillitsch.

2. April

Ehrlich und offen: Cheftrainer Viktor Skripnik beantwortet die Fragen der Kinderreporter von Radio Bremen.

10. April

Die Geschäftsführung gratuliert: Physiotherapeut und Werder-Urgestein Holger Berger (2. v. li.) wird 60.

19. April Nordderby-Helden: Co-Trainer Florian Kohfeldt und Zlatko Junuzovic nach dem 1:0-Erfolg gegen den HSV.

28. April Seltener Blick in den Kraftraum im Weser-Stadion: Fin Bartels arbeitet an seinem Comeback.

14. Mai Echter Profi: Koen Casteels steht den Teilnehmern des TorwartCAMP der WERDER Fußballschule Rede und Antwort.

15. Mai

Jeden Tag eine gute Tat: Werder-Fan Gabriel (vorne) freut sich bei seinem Trainingsbesuch über die vielen Autogramme der Spieler.

16. Mai Alles vorbereitet: Die Kabine der Grün-Weißen im Weser-Stadion vor dem letzten Saison-Heimspiel gegen Borussia Mönchengladbach.

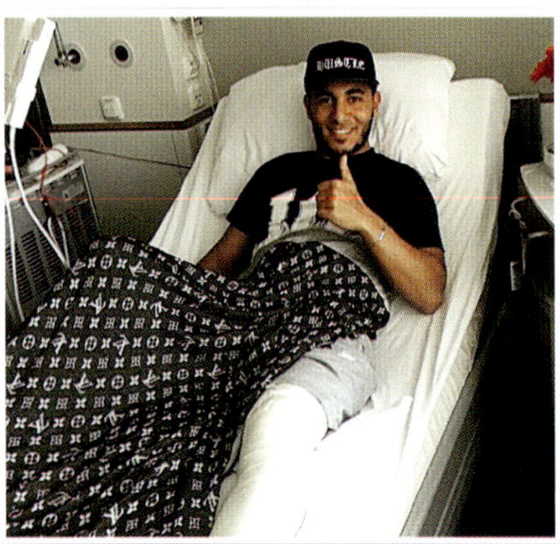

20. Mai Gute Besserung: Özkan Yildirim meldet sich vom Krankenbett.

31. Mai Aufstiegs-Selfie: Marcel Hilßner (li.) und Levent Aycicek nach dem erfolgreichen Relegationsspiel der U 23 in Mönchengladbach.

6. Juni Sommerferien: Santiago Garcia genießt seinen Urlaub am Strand von Cerdena auf Sardinien.

12. Juni Zeit für die Familie: Anthony Ujah mit seiner Nichte.

17. Juni Just married: Werder-Gruppenfoto bei der Hochzeit von Theo Gebre Selassie und seiner Leona.

4. Juli Verspielt: Werders Talente vertreiben sich die Freizeit im Trainingslager mit einer Partie ‚Mensch ärgere dich nicht'.

5. Juli Neugierig auf den Neuen: Twitter-Chat mit Felix Wiedwald im Trainingslager in Neuruppin.

9. Juli Grillparty: Santiago Garcia feiert seinen Geburtstag mit einem zünftigen Essen.

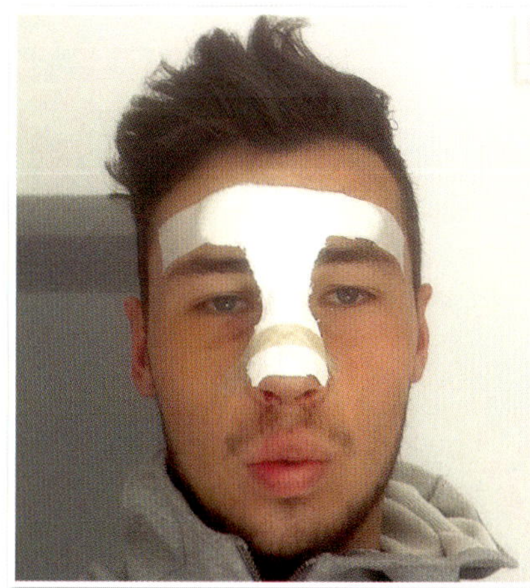

12. Juli Operation erfolgreich: Lukas Fröde ist nach seinem Nasenbeinbruch auf dem Weg der Besserung.

16. Juli Gespannte Zuhörer: Felix Wiedwald, Anthony Ujah und Ulisses Garcia besuchen den Grillabend der Werder-Fanreise im Zillertal.

17. Juli Vorbild: Theo Gebre Selassie mit jungen Fans beim Trainingslager im Zillertal.

28. Juli Wertvolle Unterschrift: Autogrammstunde in Vechta mit Levin Öztunali (li.) und Jannik Vestergaard.

29. Juli Stefan Effenberg (Mitte) nimmt in seinem Bundesliga-Check bei Sky den SV Werder unter die Lupe und trifft Geschäftsführer Thomas Eichin (re.).

3. August Abschluss-Selfie: Up'n Swutsch, der Talk von Werder und Haake Beck – Clemens Fritz zu Gast bei Moderator Lou Richter.

7. August Mit der Bahn nach Bayern: Auf geht's zum Erstrunden-Spiel im DFB-Pokal bei den Würzburger Kickers.

17. August Riesenfreude: Felix Kroos trifft Basketball-Star Dirk Nowitzki am Rande des Länderspiels in Bremen.

27. August An der Weser angekommen: Anthony Ujah lernt die Bremer Stadtmusikanten kennen.

30. August Ein ‚Dreier' im Heimspiel gegen Gladbach: Riesenjubel in der Kabine.

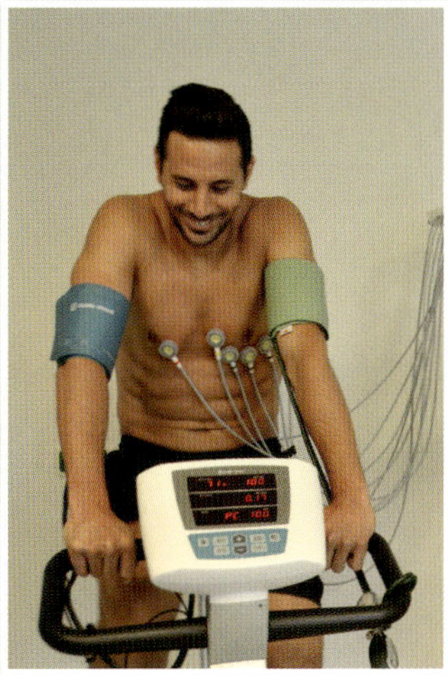

7. September Gründlicher Check: Rückkehrer Claudio Pizarro wird auf Herz und Nieren getestet.

7. September Alle wollen ‚Piza': Claudio Pizarro bei seiner offiziellen Vorstellung mit Geschäftsführer Thomas Eichin.

10. September Zlatko Junuzovic und Santiago Garcia beim Fotohooting mit Handicap-Kids für den Inklusionsspieltag.

12. September Flug zum Auswärtsspiel in Hoffenheim: Claudio Pizarro und Anthony Ujah.

15. September Besonderes Outfit: Der SV Werder stellt vor dem Heimspiel gegen Ingolstadt das mit den Bremer Stadtmusikanten veredelte Trikot vor.

26. September Inklusionsspieltag im Weser-Stadion: Felix assistiert Stadion-moderator Christian ‚Stolli' Stoll.

1. Oktober Bleibender Eindruck: Ehrenpräsident Klaus-Dieter-Fischer hinterlässt fürs WUSEUM seine Handabdrücke in Gips.

17. Oktober Hoher Besuch: Bremens Bürgermeister Carsten Sieling und seine Senatoren zu Gast im Weser-Stadion.

WIESENHOF

BREMEN
FORZA SVW

SPONSOREN SAISON 2015/2016

HAUPTSPONSOR

ORIGINAL WIESENHOF

AUSRÜSTER

Nike

AUTOMOBIL-PARTNER

Volkswagen

TOP-SPONSOREN

HAAKE-BECK

EWE

CO-SPONSOREN

hoyer

cewe-print.de Ihr Online Druckpartner

RAMADA HOTELS & RESORTS

vacansoleil

Die Sparkasse Bremen

PARTNER-SPONSOREN

Zillertal.at

Coca-Cola zero

LLOYD

LANDMANN

Friebel

Mondelēz International

AOK Die Gesundheitskasse.

BLG LOGISTICS

VILSA

WERBEBANDEN-PARTNER

HanseLifter

BAUFIX

BAUHAUS

Vodafone

BUHLMANN TUBE SOLUTIONS

SPORT 2000

SIG SOLAR GROUP

rofa

enterprise rent-a-car

TURKISH AIRLINES

Lieferando.de

„TEAM 11"-SPONSOREN

WESER KURIER

Die ShoppingWelt dodenhof

BLG LOGISTICS

Die Sparkasse Bremen

MEYERHOFF

OHB

radiobremen

swb

fair versichert ÖVB

Friebel

team neusta

REGIO-SPONSOREN

KÜSTEN GOLD

ROY ROBSON

CITY AIRPORT BREMEN

HOL'AB!

CARO

ROBERT C. SPIES

CINEMAXX

Hansefit

Germania flygermania.de

MOLKEREI AMMERLAND

SUPPLIER

Kühne

HAFERKAMP

COMKOPIE

Weserkraft

JDE

WERDER SPORTS

LANGNESE

K-Active

RAUCH

TOPAK

eurapon

TECHNOGYM

YOU & METRO

STADIONPARTNER

WESER STADION

EWE

swb

infront SPORTS & MEDIA

WERDER BREMEN

LEBENSLANG GRÜN-WEISS

Fotos: gumzmedia / A.Gumz, nordphoto

U23

Förderung auf höchstem Niveau

Als einer von nur drei Bundesligisten ist der SV Werder Bremen – neben dem VfB Stuttgart und dem 1. FSV Mainz 05 – mit seiner zweiten Mannschaft in der 3. Liga vertreten. In zwei dramatischen Relegationsspielen gegen den Nachwuchs von Borussia Mönchengladbach sicherte sich die Mannschaft von Trainer Alexander Nouri im Jahr 2015 den Aufstieg in diese Spielklasse. Zuvor konnten die Grün-Weißen bereits den Meistertitel in der Regionalliga Nord feiern.

„Wir haben nun die Möglichkeit, unsere jungen Spieler auf einem noch höheren Leistungsniveau zu fördern und auf den Einsatz in der Bundesliga vorzubereiten“, freut sich Thomas Eichin, Werders Geschäftsführer Sport. Denn erfolgreich den fußballerischen Nachwuchs auszubilden, hat heute mehr denn je eine große Bedeutung für den ‚Werder-Weg‘. Eigenen Talenten die Chance zu geben, sich in der Bundesliga durchzusetzen – diesem Ziel hat sich der SV Werder Bremen verschrieben. Und der Club verfolgt es mit Leidenschaft und vielen engagierten und qualifizierten Mitarbeitern.

Der intensive Austausch zwischen den Trainern der U23 und dem Trainer-Team der Bundesliga-Mannschaft um Viktor Skripnik ist die Grundlage dafür, dass jeder Nachwuchsspieler, der an der Schwelle zum Profifußball steht, bestmöglich gefordert und gefördert wird, um sich tatsächlich den Traum von der Erstklassigkeit zu erfüllen. Florian Grillitsch, Maximilian Eggestein, Melvyn Lorenzen, Janek Sternberg oder Lukas Fröde sind nur einige aktuelle Beispiele dafür, wie erfolgreich der ‚Werder-Weg‘ ist.

NIKE
FOOTBALLX
MAGISTAX
playmakingremixed
GEAR UP AT NIKE.COM/FOOTBALL

WERDER Leistungszentrum

Kontakt

Adresse:
Franz-Böhmert-Str. 7
28205 Bremen

Tel.: 04 21 - 43 45 92 350
E-Mail: info@werder.de
Internet: www.werder.de

Ansprechpartner

Geschäftsführer Leistungszentrum, Frauenfußball, andere Sportarten, CSR-Management: Dr. Hubertus Hess-Grunewald
Direktor Leistungszentrum/ Frauenfußball/Fußballschule: Björn Schierenbeck
Sportlicher Leiter Leistungszentrum: Thomas Wolter
Koordinator U 8 – U 14: Thorsten Bolder
Leiter Athletik, Prävention und Rehabilitation: Jens Beulke
Sportpsychologe: Sebastian Wilmes
Sportpädagoge: Daniel Mentzel

Ärzte: Dr. Philip Heitmann, Dr. Alberto Schek
Physiotherapeuten: Stefan Kühn (U 19), Henning Kostro (U 17), Mareike Famulla (U 16)

Torwart-Trainer: Michael Jürgen, Hans-Jürgen Gundelach, Eike Herding
Athletik-Trainer: Dr. Lars Figura
Koordinations-Trainer: Andriy Wornat
Technik-Trainer: Birger Hufe, David Schmieg
Assistentin Direktion Leistungszentrum: Elisabeth Kremin
Verwaltung: Norbert Sunder
Videoanalyse: Christian Schult
Wirtschaftsleiterin Wilhelm-Scharnow-Internat: Jutta Reichel
Hauswirtschafterin Wilhelm-Scharnow-Internat: Christel Behrens
Hauswirtschafterin Appartement-Haus Hastedt: Anke Urbainski

Erfolge

Deutscher A-Junioren-Meister
1999
Norddeutscher C-Junioren-Meister
1979, 1986, 1987, 1995, 1998, 1999, 2000, 2002, 2003, 2004, 2005, 2006, 2007, 2008, 2009, 2010, 2012

U 21

Trainer: Andreas Ernst
Co-Trainer: Stefan Horeis
Betreuer: Stephan Quast

U 19

Trainer: Mirko Votava
Co-Trainer: Thomas Jahn, Sasa Pinter
Betreuer: Wolfgang Brase

U 17

Trainer: Marco Grote
Co-Trainer: Dennis Kahl, Markus Fila
Betreuer: Jürgen Hamjediers, Hans-Jürgen Mühlhaus

U 16

Trainer: Frank Bender
Co-Trainer: Sören Aldag
Betreuer: Uwe Besing

U 15

Trainer: Björn Dreyer
Co-Trainer: Nikolai Klein, Jan Sievers

U 14

Trainer: Norbert Hübner
Co-Trainer: Uwe Papencord, Ronald Voß

U 13

Trainer: Jan-Claas Alexander
Co-Trainer: Maximilian Otto, Sebastian Rother
Betreuer: Hans-Jörg Peters

U 12

Trainer: Markus Werle
Co-Trainer: Miguel Garcia, Nadin Stubbemann
Betreuer: Leszek Nawrocki

U 11

Trainer: Peter Behrens
Co-Trainer: Christoph Fastenau, Simon Peters, Jennifer Martens

U 10

Trainer: Christopher Bruns
Co-Trainerin: Marvin Kruse, Jesper Verlaat
Betreuer: Hajo Diederich

U 9

Trainerin: Rica Plogmann
Co-Trainer: Nils Dähne
Betreuerin: Alessa Drews

U 8

Trainer: Matthias Bitsch, Wolfgang Weyers

Stand: 01. 11. 2015

Fotos: hansepixx

Frauen- und Mädchenfußball

Starker Nachwuchs für die Bundesliga

Das Jahr 2015 war das bisher erfolgreichste des Frauenfußballs beim SV Werder Bremen seit seiner Neugründung 2007. Die erste Mannschaft schaffte den ersehnten und hart erarbeiteten Aufstieg in die 1. Bundesliga und ist damit unter den besten zwölf Frauen-Teams in Deutschland angekommen. Die U-17-Juniorinnen spielten sich sensationell ins Finale um die Deutsche Meisterschaft und mussten sich erst dort dem Nachwuchs des Traditionsclubs 1. FFC Turbine Potsdam geschlagen geben. Derweil sicherten sich die U-15-Juniorinnen fast schon traditionell erneut den Norddeutschen Meistertitel.

Für die erste Mannschaft um Trainer Steffen Rau heißen die Gegner nun unter anderem FC Bayern München, VfL Wolfsburg und 1. FFC Frankfurt. Die Zugehörigkeit zur ‚Allianz Frauen Bundesliga' ist sportlich und organisatorisch eine große Herausforderung. Doch der Frauen- und Mädchenfußball ist beim SV Werder Bremen nicht mehr wegzudenken. Er hat eine eigene Identität und Philosophie entwickelt, bei der die Förderung der vielen Talente in Bremen und umzu sowie die starke Identifikation der Spielerinnen, Trainer und Verantwortlichen mit dem Club und der Werder-Raute auf dem Trikot eine herausragende Bedeutung haben.

Die gezielte Ausbildung und Entwicklung talentierter Spielerinnen soll auch in Zukunft die Grundlage für die Etablierung in der 1. Bundesliga sein. Wie stark der Nachwuchs ist, zeigen dabei nicht nur die Erfolge der Mannschaften, sondern auch die zahlreichen Nominierungen für die Nationalteams des DFB.

WERDER Fußballschule

Da will ich dabei sein!

In der WERDER Fußballschule üben Nachwuchskicker unter professionellen Bedingungen das Einmaleins ihres Lieblingssports und bekommen in den verschiedenen CAMPs Tipps und Tricks von echten Profis. Die Angebote richten sich an Kinder und Jugendliche im Alter von sechs bis 13 Jahren. Teilnehmen kann jeder, der Spaß am Fußball hat – egal, ob Mädchen oder Junge, im Verein aktiv oder Neueinsteiger. Werder-Legende Dieter Eilts leitet die WERDER Fußballschule und ist selbst als Trainer dabei.

Die Angebote im Überblick:

HeimspielCAMP
Erst selbst kicken und dann die Profis im Weser-Stadion anfeuern

Frühlings-/Sommer-/Herbst-/ WinterCAMP
Perfekter Ferien-Fußballspaß – bei WERDER SPORTS

ProfiCAMP
Trainieren, wo die Profis im Trainingslager sind

CAMPontour
Die Fußballschule kommt zu deinem Verein, deiner Schule, deiner Sozialeinrichtung

TorwartCAMP
Speziell für Torwart-Talente

Alle Infos unter
www.werder-fussballschule.de

NOCH SO EIN
WUNDER
VON DER
WESER!
Coca-Cola
zero®
ECHTER GESCHMACK.
NULL ZUCKER. NULL KALORIEN.
LEBENSLANG
GRÜN-WEISS
WERDER TRIKOT GEWINNEN
jetzt auf coke-zero.de/trikot
Coca-Cola zero und Coke zero sind eingetragene Schutzmarken der The Coca-Cola Company.
BUNDESLIGA
OFFIZIELLES LIZENZPRODUKT

Foto: gumzmedia / A. Gumz

Das Team der Werder-Fanbetreuung: Leiterin Julia Ebert (2. v. re.) mit Marika Diesing, Jens Staskewitsch, Till Schüssler, Jan Philipp Heine und Jermaine Greene (v. li.).

Fan- und Mitgliederbetreuung

WIR FÜR EUCH – IHR FÜR UNS!

Leiterin Fan- und Mitgliederbetreuung:
Julia Ebert

Fanbetreuer:
Till Schüssler, Jermaine Greene,
Jan Philipp Heine, Jens Staskewitsch

Behinderten-Fanbeauftragte:
Alexandra Lüddecke

Die Fan- und Mitgliederbetreuung bietet Hilfe bei:

- Fragen zu Organisation, Aktionen, Anliegen und Angeboten von Fan-Clubs
- Fragen zu Spieltagsablauf und -organisation
- Materialanmeldungen und Fragen zu Stadionrichtlinien
- Problemen und Anliegen bei Heim- und Auswärtsspielen am Spielort
- individueller Betreuung von gehandicapten Fans

Adresse:
Franz-Böhmert-Str. 1c
28205 Bremen

Tel.: 04 21 - 43 45 90
Fax: 04 21 - 43 45 94 850
E-Mail: fanbetreuung@werder.de

DACHVERBAND BREMER FAN-CLUBS E. V.

Adresse:
Franz-Böhmert-Str. 1c
28205 Bremen

Tel.: 04 21 - 43 45 94 803
E-Mail: info@werder-dachverband.de
Internet: www.werder-dachverband.de

Ansprechpartner:

- **Frank Dehmel** (Veranstaltungsplanung, Kontakt zu Gäste-Fan-Clubs)
- **Jermaine Greene** (Fan-Club-Korrespondenz, Schnittstelle Dachverband/ Fan- und Mitgliederbetreuung)
- **Uwe Jahn** (Fanartikel)
- **Björn und Bianca Urban** (Auswärtsfahrten, Ticketfragen)
- **Thomas Vorberger** (Fan-Club-Korrespondenz, Behindertenbetreuung, Internet)

AG ‚WERDER-FANS GEGEN DISKRIMINIERUNG'

2007 gegründete und mehrfach ausgezeichnete Fan-Arbeitsgemeinschaft gegen Diskriminierung

Internet: www.werderfans-gegen-rassismus.de

FAN-PROJEKT BREMEN E. V.

Adresse:
Franz-Böhmert-Str. 5
28205 Bremen

Tel.: 04 21 - 49 80 24
Fax: 04 21 - 49 80 25
E-Mail: info@fanprojektbremen.de
Internet: www.fanprojektbremen.de

Ansprechpartner:
Manfred Rutkowski, Thomas Hafke,
Jens Höhn, Susanne Franzmayer,
Daniel Behm

Fanzentrum ‚OstKurvenSaal' (OKS):

- Veranstaltungsraum des Fan-Projekt Bremen e. V. mit Aktivitäten von und für Fans
- Treffpunkt vor und nach jedem Heimspiel und bei Auswärtsspielen (Übertragung auf Großbildleinwand)
- Veranstaltungsreihe ‚Fan-Café' (gemeinsam mit der Fan- und Mitgliederbetreuung zum Austausch mit den Fans, für Diskussionen und Vorträge)

BESTENS GEWAPPNET
Das neue Werder Event-Trikot mit Bremer Wappen.
ORIGINAL
WIESENHOF
AB 64,99 €
ONLINE-SHOP:
WWW.WERDER-FANWELT.DE
HOTLINE:
0421/43 45 90
FAX-ORDER:
0421/49 99 59 70
APP:
„SV WERDER"

Alles für den Fan

WERDER FAN-WELT

Adresse:
Franz-Böhmert-Str. 5a
28205 Bremen

Internet:
www.werder-fanwelt.de

Öffnungszeiten:
Mo. – Fr.: 10.00 – 18.00 Uhr
Sa.: 10.00 – 15.30 Uhr

Öffnungszeiten bei Heimspielen:
Sa.: 11.00 Uhr – ca. eine Stunde nach Spielende (während des Spiels geschlossen)
So.: zwei Stunden vor Spielbeginn – ca. eine Stunde nach Spielende (während des Spiels geschlossen)

Bestellung Fan-Artikel:
SV Werder Bremen Fan-Service GmbH
Hoerneckestr. 11/13
28217 Bremen

Tel.: 04 21 - 43 45 90
Fax: 04 21 - 49 99 59 70
E-Mail: info@werder-fanwelt.de

Wuseum
Werder Bremen Museum

Adresse:
Franz-Böhmert-Str. 1c
28205 Bremen

Tel.: 04 21 - 43 45 90
Fax: 04 21 - 49 05 06
E-Mail: info@werder.de

Öffnungszeiten:
Mo. – Fr.: 12.00 – 17.45 Uhr
Sa., So., Feiertage: 12.00 – 15.45 Uhr

In den Monaten Januar und Februar schließt das WUSEUM täglich um 15.45 Uhr. An Heimspieltagen öffnet es vier Stunden vor Spielbeginn und schließt eine Stunde vor dem Anpfiff.

Eintrittspreis:
4,– € (ermäßigt 2,– €)

STADIONFÜHRUNGEN (INKL. WUSEUM)

Anmeldung:
Tel.: 04 21 - 43 45 90
Fax: 04 21 - 43 45 94 090
E-Mail: stadionfuehrungen@werder.de

Dauer:
ca. 60 – 75 Minuten
(plus WUSEUM, ca. 15 – 30 Minuten)

Kosten:
30,– € pauschal pro Buchung zzgl. Erwachsene 6,– € (ermäßigt 3,– €)

KINDERGEBURTSTAGE

Anmeldung (für Gruppen bis max. 15 Personen):
Tel.: 04 21 - 43 45 90
Fax: 04 21 - 43 45 94 090
E-Mail: kindergeburtstage@werder.de

Basispaket:
Spannende Erlebnistour im Weser-Stadion inkl. Torwandschießen, dazu Tischkicker-Turnier oder Schatzsuche, Geschenk fürs Geburtstagskind (Kosten: 100,– €)
Zusatzpakete:
‚Essen' und ‚Trikot-Tour' (Kosten jeweils: 60,– €)

Ausführliche Infos bei WERDER.DE

WERDER.TV

Internet-TV von Werder für Werder-Fans

WERDER.TV bietet sehenswerte Videos aus der Werder-Welt. Darunter sind die Highlights der Testspiele, jede Menge Specials, Hintergrundberichte und spannende Reportagen – dazu regelmäßig die WERDER.TV-News. Die Angebote von WERDER.TV sind kostenlos und nach einer kurzen Registrierung abrufbar. Lediglich die Spielbilder der Bundesliga müssen aus lizenzrechtlichen Gründen kostenpflichtig angeboten werden. Für Abonnenten gibt es zudem Live-Streams von Testspielen und Pressekonferenzen. Jetzt gleich dabei sein und noch tiefer in die grün-weiße Werder-Welt eintauchen!

Weitere Infos unter www.werder.tv

Stand: 01.11.2015

AOK
Die Gesundheitskasse.
GÄSTE
WERDER BEWEGT
LEBENSLANG
WIESENHOF
POWERPLAY FÜR KIDS
OFFIZIELLER GESUNDHEITSPARTNER DES SV WERDER BREMEN

WERDER BEWEGT – LEBENSLANG

Der SV Werder Bremen hat in seiner Geschichte immer wieder deutlich gemacht, dass das ‚SV' im Vereinsnamen nicht nur für ‚Sport-Verein', sondern auch für ‚Soziale Verantwortung' steht. Die Grün-Weißen engagieren sich nicht nur in Bremen und im Bremer Umland, sondern sind auch an verschiedenen nationalen und internationalen Initiativen beteiligt.

Der SV Werder gilt im Bereich des gesellschaftlichen Engagements als Vorreiter in der Fußball-Bundesliga. Für die Koordination dieser Aktivitäten wurde eine eigene Abteilung aufgebaut, die zum Verantwortungsbereich von Dr. Hubertus Hess-Grunewald (Geschäftsführer Leistungszentrum, Frauenfußball, andere Sportarten, CSR-Management der SV Werder Bremen GmbH & Co KG aA und Präsident des Sport-Verein ‚Werder' von 1899 e. V.) gehört.

Die Initiativen, Projekte und Aktionen des sozialen, ökologischen und ökonomischen Engagements bündelt der SV Werder Bremen seit 2012 unter der CSR-Marke WERDER BEWEGT – LEBENSLANG, die in sechs Themenfeldern die Aktivitäten strukturiert und von prominenten Botschaftern unterstützt wird. Ehrenbotschafter ist Klaus-Dieter Fischer.

Weitere Informationen gibt es unter *www.werder-bewegt.de* und *www.facebook.com/WerderBewegt*

WERDER BEWEGT
LEBENSLANG

LEBENSLANG GRÜN-WEISS

- **Windel-Liga**
- **Kids-Club**
- **Ferienprogramm**
- **60plus**
- **Ballschule**
- **Sportvereinsentwicklung**

Der SV Werder lebt durch seine Mitglieder und Anhänger aus allen Generationen. Diese Unterstützung gibt der Verein zurück – generationsübergreifend.

Botschafter: Thomas Schaaf, Marco Bode

LEBENSLANG GESUND

- **aid-Ernährungsführerschein**
- **Betriebliches Gesundheitsmanagement**

Der SV Werder hilft seinen Partnern, den eigenen Mitarbeitern und weiteren Interessierten, verantwortlich mit dem Körper umzugehen. Schulungen und Projekte vermitteln eine gesunde Lebensweise durch ausgewogene Ernährung und Sport.

Botschafter: Frank Baumann, Dagmar Freifrau von Cramm, Tjalf Hoyer

LEBENSLANG HILFSBEREIT

- **SV Werder Bremen Stiftung**
- **100 % Werder WorldWide**
- **SV Werder goes Ehrenamt**
- **Ferien mit Herz**

Die SV Werder Bremen Stiftung leistet finanzielle Unterstützung in den Bereichen Sport, Bildung, Erziehung, Völkerverständigung, Gewaltprävention und für wohltätige Zwecke. Ebenso wertvoll ist die umfangreiche ehrenamtliche Unterstützung, die Werder erfährt und auch weitergibt.

Botschafter: Willi Lemke, Moritz Rinke

LEBENSLANG AKTIV

- **100 Schulen – 100 Vereine**
- **100 % Werder-Partner**
- **Inklusion**
- **Bleib am Ball**
- **Lernzentrum Ostkurvensaal**

Beim Sport spielen körperliche Fitness, Begeisterung und Gemeinschaftssinn eine wichtige Rolle. Herkunft, Kleidung und Alter sind dagegen egal. Der SV Werder gibt jedem die Möglichkeit, sportlich aktiv zu sein – unabhängig vom sozialen Status.

Botschafter: Otto Rehhagel, Wigald Boning

LEBENSLANG TOLERANT

- **Antidiskriminierung**
- **The Football Club Social Alliance**
- **SPIELRAUM**
- **Bleib am Ball**
- **Lernzentrum OstKurvenSaal**

Diskriminierung, Gewalt und Drogen haben keine Chance: Der SV Werder Bremen vermittelt soziale und ethische Werte und setzt so Orientierungspunkte für ein tolerantes Miteinander und Fairplay.

Botschafter: Jan Delay, Matthias Brandt

LEBENSLANG UMWELTBEWUSST

- **Photovoltaik-Anlage**
- **100 % Öko-Strom**
- **Transport an Spieltagen**
- **Code of Conduct**

Die Photovoltaik-Fassade des Weser-Stadion, die Fans, die das Werder-Ticket auch als Fahrkarte für Bus und Bahn nutzen können, der Umstieg auf Ökostrom – Umweltschutz und Klimafreundlichkeit sind wichtige Themen für den SV Werder.

Botschafter: Dr. Werner Brinker, Johannes Strate

‚SV Werder Bremen Stiftung'

Das gesellschaftliche Engagement des SV Werder Bremen ist vielfältig. Mit ihrer Abteilung CSR-Management setzen die Grün-Weißen zahlreiche soziale Projekte um und unterstützen gemeinnützige Initiativen (siehe WERDER BEWEGT – LEBENSLANG auf Seite 147).

Um karitative Projekte und Einrichtungen auch finanziell unterstützen zu können, haben der Sport-Verein ‚Werder' von 1899 e. V. und die SV Werder Bremen GmbH & Co KG aA im Jahr 2009 unter dem Motto ‚Werder tut gut' die ‚SV Werder Bremen Stiftung' gegründet.

„Fast täglich erreichen uns Anfragen nach Unterstützung, so dass es unmöglich ist, allen Bitten nachzukommen. Mit unserer Stiftung können wir jedoch einzelnen Projekten finanziell behilflich sein. Die Stiftung soll zudem dazu beitragen, eine klare, transparente Linie bei der Vergabe von finanziellen Mitteln zu gewährleisten", erklärt Präsident und Geschäftsführer Dr. Hubertus Hess-Grunewald.

Die ‚SV Werder Bremen Stiftung' dient der Förderung des Sports, der Bildung und Erziehung, der Völkerverständigung, der Gewaltprävention sowie mildtätiger Zwecke. Gefördert werden ausgewählte Projekte im In- und Ausland im sozialen, sportlichen und ausbildenden Bereich. Der Stiftungsstock, der bei der Gründung 300.000 Euro betrug, wurde durch Spenden auf mittlerweile 400.000 Euro erhöht. Einen wichtigen Betrag dazu leisten Jahr für Jahr Sponsoren und Partner der Grün-Weißen, aber auch Einzelpersonen.

Anträge auf finanzielle Unterstützung können jährlich bis zum 31. Juli eingereicht werden. Die Ausschüttung, in diesem Jahr mehr als 40.000 Euro, erfolgt jeweils zum Ende des Jahres. Der Vorstand der ‚SV Werder Bremen Stiftung' sichtet die Anträge und spricht dem Stiftungsrat Empfehlungen aus.

Der SV Werder Bremen beteiligt sich seit vielen Jahren am ‚Bremer Kindertag', dem großen Kinderfest im Bremer Bügerpark.

‚Lernzentrum OstKurvenSaal': Projekt des SV Werder und des Fan-Projekt Bremen e. V. mit Workshops für Schulklassen und Jugendgruppen.

Im Jahr 2014 unterstützte die ‚SV Werder Bremen Stiftung' ein Projekt des Bremer Leichtathletik-Verbands in Südafrika.

HELFEN SIE MIT!

‚SV Werder Bremen Stiftung'
Franz-Böhmert-Str. 1 c · 28205 Bremen

Spendenkonto:
Sparkasse Bremen
IBAN DE86 2905 0101 0080 2045 89

Ansprechpartnerin: Anne-Kathrin Laufmann
Tel.: 0421 - 43 45 90
E-Mail: werder-stiftung@werder.de

Internet: www.werder.de > WERDER BEWEGT > Lebenslang hilfsbereit > SV Werder Bremen Stiftung

WERDER TUT GUT
SV WERDER BREMEN STIFTUNG

‚Startschuss SLSV Hamburg' erhielt Fördergelder für die schwul-lesbische Fußball-EM mit Ex-Profi Thomas Hitzlsperger (re.) als Schirmherr.

Die Sportarten

▶ **Fußball**
Vorsitzender: Dietmar Ernst

fussball.platz11@werder-bremen.de
www.werder.de/de/breitensport

▶ **Handball**
Vorsitzender: Gunnar Lübben-Rathjen

handball@werder.de
www.werder.de/handball

▶ **Leichtathletik**
Vorsitzender: Christian Schwarting

leichtathletik@werder-bremen.de
www.werder.de/leichtathletik

▶ **Schach**
Vorsitzender: Dr. Oliver Höpfner

werder@schachpodium.de
www.werder.de/schach

▶ **Tischtennis**
Vorsitzender: Werner Meyer

sportwart-tischtennis@werder-bremen.de
www.werder.de/tischtennis

▶ **Turnspiele und Gymnastik**
Vorsitzender: Manfred Jacobi

gymnastik@werder-bremen.de
www.werder.de/gymnastik

Stand: 01. 11. 2015

Hermes

Aufsichtsrat

Marco Bode

Position
Vorsitzender des Aufsichtsrats (seit 25.10.2014)
Geburtsdatum
23.07.1969
Geburtsort
Osterode
Bei Werder seit
01.07.1988

Spielerlaufbahn
1988 – 2002 SV Werder Bremen

Sportliche Erfolge
Europapokal-Sieger der Pokalsieger 1992, Deutscher Meister 1993, DFB-Pokal-Sieger 1991, 1994, 1999, Europameister 1996, 379 Bundesliga-Spiele / 101 Tore, 40 Länderspiele / 9 Tore

Frühere Position
2012 – 24.10.2014 Aufsichtsratsmitglied

Weitere Position
Ehrenspielführer des SV Werder Bremen

Beruf
Selbstständig im Bereich Kommunikation/Medien

Dr. Werner Brinker

Position
Aufsichtsratsmitglied (seit 2004)
Geburtsdatum
30.03.1952
Geburtsort
Lingen / Ems
Bei Werder seit
01.07.2003

Beruf
Vorsitzender des Vorstands der EWE AG

Marco Fuchs

Position
Aufsichtsratsmitglied (seit 19.12.2014)
Geburtsdatum
29.06.1962
Geburtsort
Bremen
Bei Werder seit
19.12.2014

Beruf
Vorsitzender des Vorstands der OHB Systems GmbH

Willi Lemke

Position
Aufsichtsratsmitglied (seit 25.10.2014)
Geburtsdatum
19.08.1946
Geburtsort
Pönitz /Ostholstein
Bei Werder seit
25.06.1975

Frühere Positionen
2005 – 24.10.2014 Vorsitzender des Aufsichtsrats, 2003 – 2004 Stellvertretender Vorsitzender des Aufsichtsrats, 1999 – 2003 Aufsichtsratsmitglied, 1981 – 1999 Manager
Berufl. Laufbahn
Wissenschaftl. Mitarb. der Unis Hamburg und Bremen, 1974 – 1981 SPD-Landesgeschäftsführer / Mitgl. der Deputation für Sport, 1998 – 1999 ehrenamtl. Lehrbeauftragter der Uni Bremen, 1999 – 2007 Senator f. Bildung u. Wissenschaft, 2007 – 2008 Senator für Inneres u. Sport, seit 07.04.2008 Sonderberater des UN-Generalsekretärs für Sport im Dienst von Entwicklung und Frieden

Axel Plaat

Position
Aufsichtsratsmitglied (seit 2011)
Geburtsdatum
24.06.1958
Geburtsort
Bremen
Bei Werder seit
01.06.1967

Frühere Positionen
2001 – 2003 Kassenrevisor
1973 – 2000 Trainer Abteilung Fußball

Weitere Positionen
Mitglied des Präsidiums, Schatzmeister Sport-Verein „Werder" von 1899 e. V.

Beruf
Bankkaufmann, Kreditanalyst Firmenkunden bei der Commerzbank AG Hamburg

Hans Schulz

Position
Aufsichtsratsmitglied (seit 1999)
Geburtsdatum
04.12.1942
Geburtsort
Halle / Saale
Bei Werder seit
04.07.1953

Spielerlaufbahn
1963 – 1964 SV Werder Bremen Amateure, 1964 – 1966 SV Werder Bremen, 1966 – 1971 Hamburger SV, 1971 – 1974 Fortuna Düsseldorf, 1974 – 1976 Alemannia Aachen

Sportliche Erfolge
Deutscher Meister 1965, Finale im Europapokal der Pokalsieger 1968, 214 Bundesliga-Spiele / 40 Tore

Beruf
Textilkaufmann

Stand: 01.11.2015

Leidenschaft verbindet!
WIESENHOF
ORIGINAL
WIESENHOF
www.wiesenhof-werder.de

Geschäftsführung

Stand: 01.11.2015

Klaus Filbry

Position Vorsitzender der Geschäftsführung (seit 23.11.2012)
Geschäftsführer Marketing, Management und Finanzen
Geburtsdatum 09.01.1967
Geburtsort Münster
Bei Werder seit 01.01.2010

Frühere Stationen
- 2008 – 2009 Adidas AG, Vice President Global Football Sports Marketing
- 2006 – 2008 Adidas AG, Vice President Sport Performance Divison North America
- 2004 – 2006 Adidas AG, Vice President Product North America
- 2000 – 2004 Adidas AG, Head of Individual Sports Global
- 1997 – 2000 Adidas AG, Head of Product Region Europe
- 1995 – 1997 Adidas AG, Business Unit Manager Basketball / Indoor
- 1994 – 1995 Assistent der Geschäftsführung Adidas Deutschland

Ausbildung
- Master of Business Administration (MBA), University of Bristol
- Bachelor of Science, Illinois State University

Familienstand verheiratet mit Bettina
Kinder Töchter Lisa und Carla, Sohn Paul

Thomas Eichin

Position Geschäftsführer Sport
Geburtsdatum 09.10.1966
Geburtsort Freiburg
Bei Werder seit 14.02.2013

Frühere Stationen
- 2001 – 2013 Geschäftsführer Kölner EC (‚Kölner Haie')
- 1999 – 2001 Marketingleiter Kölner EC (‚Kölner Haie')

Stationen als Spieler
- Borussia Mönchengladbach, 1. FC Nürnberg, Freiburger FC, Eintracht Freiburg
- 180 Bundesliga-Spiele

Ausbildung
Diplom-Sportmanager (IST Düsseldorf)

Familienstand verheiratet mit Julia
Kinder Töchter Nadja und Laura

Dr. Hubertus Hess-Grunewald

Position Geschäftsführer Leistungszentrum, Frauenfußball, andere Sportarten, CSR-Management
Geburtsdatum 14.10.1960
Geburtsort Varel
Bei Werder seit 28.08.1970

Frühere Positionen
- 2005 – 2014 Mitglied des Aufsichtsrats der SV Werder Bremen GmbH & Co KG aA
- 2003 – 2014 Vize-Präsident des Sport-Verein „Werder" von 1899 e. V.
- 1999 – 2003 Mitglied des Aufsichtsrats des Sport-Verein „Werder" von 1899 e. V.
- 1993 – 1999 Vorstandsmitglied der Abteilung Fußball

Weitere Position
Präsident des Sport-Verein ‚Werder' von 1899 e. V.

Früherer Beruf
Rechtsanwalt (Fachanwalt für Arbeitsrecht)

Familienstand verheiratet mit Bettina
Kinder Söhne Hannes und Paul

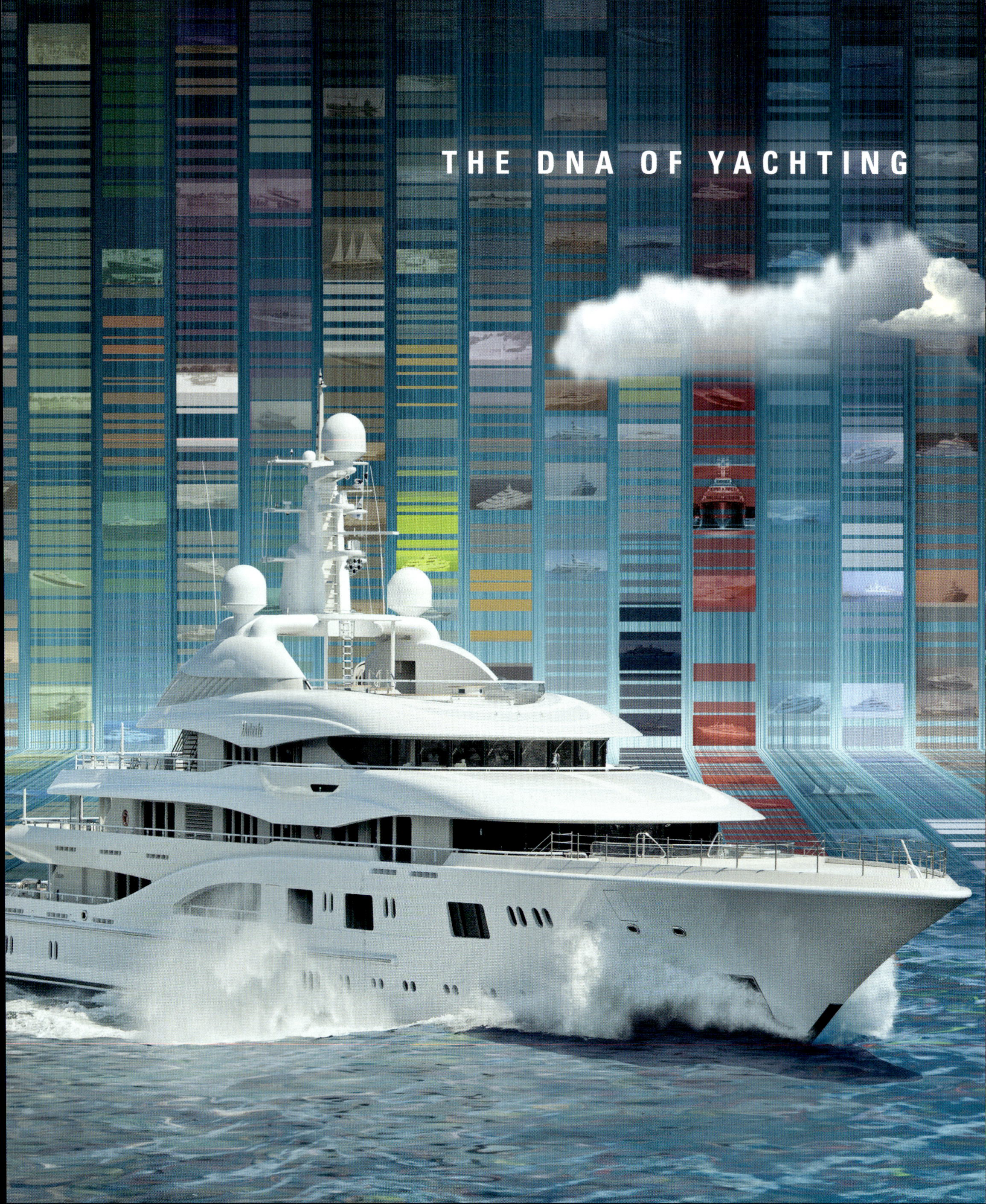
THE DNA OF YACHTING

Geschäftsführendes Präsidium

Stand: 01. 11. 2015

Dr. Hubertus Hess-Grunewald

Position Präsident (seit 24.11.2014)
Geburtsdatum 14.10.1960
Geburtsort Varel
Bei Werder seit 28.08.1970

Weitere Position
Geschäftsführer Leistungszentrum, Frauenfußball, andere Sportarten, CSR-Management der SV Werder Bremen GmbH & Co KG aA
Frühere Positionen
- 2005 – 2014 Mitglied des Aufsichtsrats der SV Werder Bremen GmbH & Co KG aA
- 2003 – 2014 Vize-Präsident des Sport-Verein „Werder" von 1899 e. V.
- 1999 – 2003 Mitglied des Aufsichtsrats des Sport-Verein „Werder" von 1899 e. V.
- 1993 – 1999 Vorstandsmitglied der Abteilung Fußball

Früherer Beruf Rechtsanwalt (Fachanwalt für Arbeitsrecht)
Familienstand verheiratet
Kinder Söhne Hannes und Paul

Jens Höfer

Position Vize-Präsident (seit 24.11.2014)
Geburtsdatum 02.05.1964
Geburtsort Bremen
Bei Werder seit 01.02.1966

Frühere ehrenamtliche Positionen
- 1994 – 2014
  1. Jugendleiter der Abteilung Fußball
  Stellvertretender Vorsitzender der Abteilung Fußball
- 1986 – 1994
  2. Jugendleiter der Abteilung Fußball

Frühere berufliche Tätigkeiten
Vorstandsassistent, Präsidiumsassistent, Leiter Vereinsangelegenheiten/ Liegenschaften des SV Werder Bremen

Beruf Direktor Allgemeine Verwaltung/ Vereinsangelegenheiten/ Logistik des SV Werder Bremen
Familienstand verheiratet

Axel Plaat

Position Schatzmeister (seit 01. 07. 2003)
Geburtsdatum 24.06.1958
Geburtsort Bremen
Bei Werder seit 01.06.1967

Weitere Position
Mitglied des Aufsichtsrats der SV Werder Bremen GmbH & Co KG aA
Frühere Positionen
- 2001 – 2003 Kassenrevisor
- 1973 – 2000 Trainer in der Abteilung Fußball

Beruf Bankkaufmann, Kreditanalyst Firmenkunden bei der Commerzbank AG Hamburg
Familienstand verheiratet

Ehrenrat

Gemeinsam mit den sechs Vorsitzenden der Sportabteilungen, dem Sportreferenten und der Jugendreferentin bilden die Mitglieder des Ehrenrats den Wahlausschuss. Er schlägt der Mitgliederversammlung Kandidaten für das Geschäftsführende Präsidium des Sport-Verein „Werder" von 1899 e. V. und den Aufsichtsrat der SV Werder Bremen GmbH & Co. KG aA vor.

Peter Eilers
Vorsitzender

Joachim Bunzel

Elke Humrich

Horst Kühne

Radek Lewicki

Wolfgang Schäfer

Jürgen Sterzik

Egbert Wilzer

Klaus-Jürgen Witt

Mitglieder des Präsidiums

Dietmar Ernst
Vorsitzender Fußball

Dr. Oliver Höpfner
Vorsitzender Schach

Manfred Jacobi
Vorsitzender Turnspiele und Gymnastik

Gunnar Lübben-Rathjen
Vorsitzender Handball

Werner Meyer
Vorsitzender Tischtennis

Christian Schwarting
Vorsitzender Leichtathletik

Anne-Kathrin Laufmann
Jugendreferentin

Norbert Sunder
Sportreferent

Stand: 01. 11. 2015

Wir bei WERDER von A–Z

Jan-Claas Alexander
Leistungszentrum / Frauenfußball

Michael Arends
CSR-Management

Ingrid Aydemir
Wäscherei

Maike Balthazar
Jugendkoordinatorin Handball

Tim Barten
Teammanager

Bianca Becker
Ticketing

Christel Behrens
Hauswirtschafterin Wilhelm-Scharnow-Internat

Matthias Beier
Ticketing

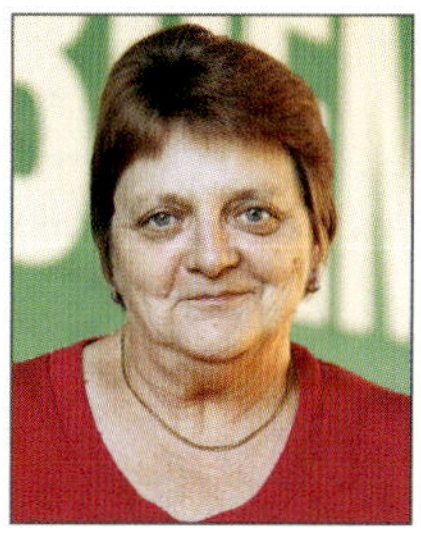

Ursula Belchhaus
Wäscherei

Frank Bender
Trainer U 16

Claas Bente
Physiotherapeut U 23

Holger Berger
Physiotherapeut Bundesliga

Jens Beulke
Leiter Athletik, Prävention und Rehabilitation

Dumitru Bezmosciuc
Greenkeeping

Markus Biereichel
Manager Broadcast / Werder.TV

Karen Blenkers
Assistentin des Geschäftsführers Sport

Stefanie Bolder
Leiterin Ticketing

Thorsten Bolder
Koordinator U 8 – U 14/ Co-Trainer U 23

Tarek Brauer
Direktor Recht und Personal

Sebastian Breuing
Greenkeeping

Birte Brüggemann
Leiterin Frauenfußball

Florian Bruns
Co-Trainer U 23

Daniel Bruss
Controlling und Personal

Enis Bytyqi
Auszubildender Sport- und Fitnesskaufmann

Stand: 01. 11. 2015

ECHT
Haake-Beck 12
Das offizielle Fanbier von Werder Bremen
100% WERDER
HAAKE-BECK
12
ECHT HAAKE-BEC
TREU

Wir bei WERDER von A–Z

Yannik Cischinsky
Volontär Digital & Social Media

Sven Demmerle
Koordinator Teamsport

Peter Detjen
Zeugwart

Marika Diesing
Fan- und Mitgliederbetreuung

Nebojsa Dragonic
Hallenwart Klaus-Dieter-Fischer-Halle

Sandra Dragonic
Hallenwartin Klaus-Dieter-Fischer-Halle

Björn Dreyer
Trainer U 15

Monika Duncan
CSR-Management / Trainerin Turnspiele und Gymnastik

Sonja Dundon
Event- und Projektmanagement

Julia Ebert
Leiterin Fan- und Mitgliederbetreuung

Thomas Eichin
Geschäftsführer Sport

Dieter Eilts
Leiter Fußballschule

Sebastian Erthel
Greenkeeping

Andrei Fabrizius
Trainer Leichtathletik

Anja Fabrizius
CSR-Management

Marcus Fähren
Ticketing

Tore Felgendreher
Sponsoring

Klaus Filbry
Vorsitzender der Geschäftsführung / Geschäftsführer Marketing, Management und Finanzen

Martina Flessner
Wäscherei

Christine Fortlage
CSR-Management / Trainerin Handball

Torsten Frings
Co-Trainer / Coach Trainee

Jörg Fürst
Leiter Rechnungswesen (Konzern), Geschäftsführer Bremer Weserstadion GmbH

Peter Gebele
Scouting

Verena Gerken
Ticketing

Stand: 01. 11. 2015

Wir bei WERDER von A–Z

Sascha Greber
Teammanager Tischtennis

Jermaine Greene
Fan- und Mitgliederbetreuung

Andreas Gross
Athletiktrainer Leistungszentrum

Rolf Grossjean
CSR-Management / Trainer Schach

Marco Grote
Trainer U 17

Katrin Grüschow
Rechnungswesen

Stephan Güttler
IT-Abteilung

Catharine Haertel
Mitgliederverwaltung

Hinrich von Hallen
Direktor Finanzen / Prokurist

Marita Hanke
Managerin Medienorganisation und Interne Kommunikation

Sebastian Hartung
Scouting

Jan Philipp Heine
Fan- und Mitgliederbetreuung

Jörn Heineke
Athletiktrainer

Elke Heinicke
Wäscherei

Susanne Henke
Rechnungswesen

Eike Herding
WERDER Fußballschule

Dr. Hubertus Hess-Grunewald
Geschäftsführer Leistungszentrum, Frauenfußball, andere Sportarten, CSR-Management

Moritz Hintsch
IT-Abteilung

Jens Höfer
Direktor Allgemeine Verwaltung / Vereinsangelegenheiten / Logistik

Sandra-Natascha Hoffmann
Ticketing

Niclas Huse
Zentraleinkauf / Liegenschaften / Allgemeine Verwaltung

Norman Ibenthal
Medienbeauftragter

Felix Ilemann
Redakteur Broadcast / WERDER.TV

Peer Jaekel
Scouting

Stand: 01.11.2015

Wir bei WERDER von A–Z

Simone Jakuszeit
Empfangssekretariat

Sebastian Janzen
Leiter Zentraleinkauf / Liegenschaften

Michael Jürgen
Torwart-Trainer Leistungszentrum

Tim Juraschek
Leiter CSR-Management

Karl-Heinz Kamp
Scouting

Judith Kaplan
CSR-Management

Rami Karnoub
CSR-Management / Trainer Tischtennis

Leszek Kass
Trainer Leichtathletik

Laura Kersting
Physiotherapeutin Frauenfußball

Barbara Kliem
Leiterin Callcenter

Manuel Klon
Torwart-Trainer U 23 / Leistungszentrum

Alexander Kluge
Trainer U-17-Juniorinnen

Cindy König
Auszubildende Sport- und Fitnesskauffrau

Kirsten König
Assistentin Direktion Profifußball und Scouting

Florian Kohfeldt
Co-Trainer

Henning Kostro
Physiotherapeut Leistungszentrum

Matthias Krallmann
Trainer Schach

Elisabeth Kremin
Assistentin Direktion Leistungszentrum / Frauenfußball / Fußballschule

Claudia Kretzer
Hospitality

Stefan Kühn
Physiotherapeut Leistungszentrum

Dominik Kupilas
Manager Digital & Social Media

Gordon Lampe
Greenkeeping

Judith Landwehr
Personalreferentin

Martin Lange
Manager Publikationen

Stand: 01.11.2015

TIEMANN
GRUPPE
110 JAHRE
MAN
TIEMANN
TIEMANN
NUTZFAHRZEUGE
TIEMANN
LANDTECHNIK
Ihr Partner
für Nutzfahrzeuge
& Landtechnik.
A1
Hamburg
Bremerhaven
Bremervörde
Hambergen
Sittensen
Bremen-Nord
Rotenburg
Bremen
Verden
Hoya
A27
G. Mackenstedt
Nutzfahrzeuge
Landtechnik
Barnstädt
WWW.TIEMANN.EU
MAN
Nutzfahrzeuge
JOHN DEERE

Wir bei WERDER von A – Z

Florian Lauerer
Physiotherapeut
Bundesliga

Anne-Kathrin Laufmann
Direktorin CSR-Management / Fan- und Mitgliederbetreuung

Mehmedalija Lilic
Hallenwart
Werder-Halle
Hemelinger Straße

Sehija Lilic
Hallenwartin
Werder-Halle
Hemelinger Straße

Janina Löwer
Rechnungswesen

Adis Lovic
Physiotherapeut
Bundesliga

Siegfried Marti
Scouting

Saskia Mauckisch
Mitgliederverwaltung

Petra Mayrhofer
Mitgliederverwaltung

Daniel Mentzel
Sozialpädagoge
Leistungszentrum

Sven Meusch
Scouting

Nina Müller
Sponsoring

Friedrich Munder
Zeugwart

Stefanie Nagel
Controlling

Eileen Neumann
Auszubildende Sport- und Fitnesskauffrau

Alexander Nouri
Trainer U 23

Frank Ordenewitz
Scouting

Heike Pape
Ticketing

Nadja Pilzweger
CSR-Management

Sven Plagge
Physiotherapeut
Bundesliga

Jan Plegt
Hospitality

Miriam Plump
Hospitality

Tino Polster
Direktor Club Media

Stephan Quast
Leistungszentrum

Stand: 01. 11. 2015

Wir bei WERDER von A–Z

Oliver Rau
Direktor Marketing und Vertrieb

Steffen Rau
Trainer 1. Frauen

Jutta Reichel
Wirtschaftsleiterin Wilhelm-Scharnow-Internat

Mandy Römmer
Assistentin der Geschäftsführung

Michael Rudolph
Direktor Public Relations

Daniel Rüting
Greenkeeping

Lukas Schäfer
Auszubildender Sport- und Fitnesskaufmann

Björn Schierenbeck
Direktor Leistungszentrum / Frauenfußball / Fußballschule

Niklas Schmidt
Auszubildender Sport- und Fitnesskaufmann

Petra Schmidt
Mitgliederverwaltung

David Schmieg
WERDER Fußballschule

Thilo Scholz
Rechnungswesen

Rouven Schröder
Direktor Sport

Till Schüssler
Fan- und Mitgliederbetreuung

Martin Schüttler
Rechnungswesen

Christian Schult
Leistungszentrum / Videoanalyse

Malte Schwarting
Leiter IT

Florian Schwarz
Leiter Vereins- und Mitgliederangelegenheiten / Empfang

Ingrid Siebke
Wäscherei

Viktor Skripnik
Cheftrainer

Jan Sordon
Grafiker

Horst Stange
Autogrammkartenpost

Tim Steidten
Sportlicher Leiter U 23 / Leiter Scouting

Janina Stockinger
Physiotherapeutin Frauenfußball

Stand: 01. 11. 2015

Wir bei WERDER von A–Z

Christian Stoll
Leiter Hospitality

Tobias Süveges
Scouting

Cristian Tamas
Trainer Tischtennis

Jan Thelen
Leiter Sponsoring

Maren Ulrichs
Strategisches Marketing

Anke Urbainski
Hauswirtschafterin Appartement-Haus Hastedt

Benno Urbainski
Teambetreuer U 23 / Zeugwart Leistungszentrum

Torsten Urbainski
Platzwart

Christian Vander
Torwart-Trainer

Dörte Vetter
Mitgliederverwaltung

Tanja Vogeley
Callcenter

Miroslav Votava
Trainer U 19

Christiane Wilke
Rechnungswesen

Sebastian Wilmes
Sportpsychologe Leistungszentrum

Sven Wojschowski
Greenkeeping

Thomas Wolter
Sportlicher Leiter Leistungszentrum

Andriy Wornat
Trainer Leichtathletik

Simon Wossack
Volontär Broadcast / Werder.TV

Nicole Wrage
Callcenter

Klaus Zagermann
Allgemeine Verwaltung

Angela Zitzmann
Assistenz Marketing und Vertrieb

Das Stadion-Team

Marcus Mbiwe
DJ ‚Choco'

Christian ‚Stolli' Stoll
Stadionmoderator

Arnd ‚Arnie' Zeigler
Stadionmoderator

Stand: 01.11.2015

Nach einer leidenschaftlichen Saison haben Sie sich Ihren Urlaub verdient
vacansoleil
Premium Camping
Jeder genießt den besten Urlaub seines Lebens!
Vacansoleil ist Marktführer für luxuriöse Campingreisen in Europa mit über 450 Premium Campingplätzen in 16 europäischen Ländern.
www.vacansoleil.de
DRV Mitglied im Deutschen ReiseVerband
Vacansoleil ist stolzer Co-Sponsor des SV Werder Bremen.

Wir bei WERDER von A–Z

Medizinische Betreuung

Dr. Philip Heitmann
Mannschaftsarzt

Axel Dörrfuß
Leistungs-diagnostiker

SV Werder Bremen Fan-Service GmbH

Petra Stelljes
Geschäftsführerin

Sandra Böhmert
Kundenservice / Auftragsbearbeitung

Marlene Gerkens
Vertrieb

Michaele de la Iglesia
Buchhaltung

Maren Kaminski
Referentin

Uwe Kühle
Stadionverkauf / Fanmobil

Michael Meyer
Lagerlogistik

Mareike Mühl
Koordinatorin E-Commerce/ Online-Marketing

Jasmina Nikolic
Fan-Welt

Matthias Samuel
Fan-Welt

Marcus Scholz
Leiter Lagerlogistik und Warenwirtschaft

Irina Späth
Buchhaltung

Nicole Stelljes
Lagerlogistik

Nahrin Uyar
Lagerlogistik

Georgette Wässa
Leiterin Fan-Welt

Tim Zinke
Warenwirtschaft

Infront Germany GmbH

Christian Rauhut
Associate Director

Matthias Kleinow
Marketing & Sales

Marcel Obry
Sales

Raphael Busch
Trainee Marketing & Sales

Stand: 01.11.2015

Werder kompakt

KONTAKT

Anschrift
SV Werder Bremen
Franz-Böhmert-Str. 1 c
28205 Bremen

Öffnungszeiten Geschäftsstelle
Montag – Mittwoch:
9.00 – 17.00 Uhr
Donnerstag: 9.00 – 18.00 Uhr
Freitag: 9.00 – 15.00 Uhr

Öffnungszeiten Ticketcenter
Montag – Freitag:
9.00 – 18.00 Uhr
(an Spieltagen gesonderte Öffnungszeiten)

Öffnungszeiten WERDER Fan-Welt
Montag – Freitag:
10.00 – 18.00 Uhr
Samstag: 10.00 – 15.30 Uhr
(an Spieltagen gesonderte Öffnungszeiten)

Telefon Geschäftsstelle / Ticketcenter / WERDER Fan-Welt
04 21 – 43 45 90
Montag – Donnerstag:
9.00 – 18.00 Uhr
Freitag: 9.00 – 16.00 Uhr
(vor Heimspielen bis 18.00 Uhr)
Samstag (nur bei Heimspielen):
10.00 – 13.00 Uhr
(bei Anpfiff 15.30 Uhr),
13.00 – 16.00 Uhr
(bei Anpfiff 18.30 Uhr)

Fax Geschäftsstelle
04 21 – 49 35 55
Fax Ticketcenter
04 21 – 49 05 06
Fax WERDER Fan-Welt
04 21 – 49 99 59 70

Internet
www.werder.de
www.werder.tv
www.werder.de/facebook
www.werder.de/google+
www.werder.de/twitter
www.werder.de/instagram
www.werder-fanwelt.de

E-Mail
info@werder.de

DIE GRÖSSTEN ERFOLGE

Deutscher Meister 1965, 1988, 1993, 2004
Deutscher Pokalsieger 1961, 1991, 1994, 1999, 2004, 2009
Deutscher Supercup-Sieger 1988, 1993, 1994
Deutscher Ligapokal-Sieger 2006
Europapokal-Sieger der Pokalsieger 1992
Deutscher Amateurmeister 1966, 1985, 1991

EHRENSPIELFÜHRER
Richard Ackerschott (†), Frank Baumann, Marco Bode, Dieter Burdenski, Dieter Eilts, Horst Dieter Höttges, Arnold ‚Pico' Schütz (†)

EHRENPRÄSIDENT
Klaus-Dieter Fischer

EHRENMITGLIEDER
Dr. Franz Böhmert (†), Klaus Allofs, Günter Bernard, Wolfgang Bordel, Joachim Bunzel, Dietmar Ernst, Diethelm Ferner, Meta Finke, Klaus-Dieter Fischer, Klaus Hänel, Horst Dieter Höttges, Frank Jatho, Erwin Jung, Karl-Heinz Kamp, Theo Klöckner, Klaus Lambertz, Willi Lemke, Peter Logemann, Max Lorenz, Klaus Matischak, Manfred Müller, Josef Piontek, Otto Rehhagel, Thomas Schaaf, Wolfgang Schäfer, Helmut Schimeczek, Hans Schulz, Heinz Steinmann, Jürgen Sterzik, Peter Sztuka, Dieter Thun, Gerhard Zebrowski

DIE ERFOLGREICHSTEN BUNDESLIGA-TORSCHÜTZEN

Marco Bode 101
Frank Neubarth 97
Rudi Völler 97
Claudio Pizarro 89
Ailton 88

DIE MEISTEN BUNDESLIGA-EINSÄTZE

Dieter Burdenski 444
Horst Dieter Höttges 420
Dieter Eilts 390
Marco Bode 379
Werner Görts 363